Wilhelm Vossenkuhl

Un-SiNn

Wilhelm Vossenkuhl

Eine kleine Philosophie für
Kinder und Erwachsene

Mit Illustrationen von Sophie Weiss

 claudius

*Für meine Enkelin Elisa und meine Enkel Nelio, Anyano,
Linus, Richard und Lando und alle anderen Freunde und
Freundinnen des Unsinns*

In**halt**

Liebe Kinder und Erwachsene,

statt eines Vorworts schreibe ich euch eine Postkarte.
Ihr werdet merken, dass ich euch alle ohne Unterschied mit
„ihr" anspreche. Der Grund ist, ich stelle mir vor, dass ihr
vieles, vielleicht alles gemeinsam lest. Die Spiele mit der Sprach
könnt ihr gut gemeinsam spielen. Etwas schwerer wird es
nach den Spielen, bei den Nonsense-Gedichten und noch
schwerer bei den Krankheits-Gedichten von Robert Gernhard
Dann verlassen wir endgültig den Spielplatz der Sprache
und wandern mit Wilhelm Busch und dem irischen Dichter
James Stephens in die Berge. Die Berge werden bei
Jonathan Swift und Daniil Charms immer steiler. Dann
solltet ihr euch bei der Hand nehmen und gemeinsam lesen.
Am Ende steht dann als Pate für das, was ich geschrieben
habe, der Philosoph Ludwig Wittgenstein. Was er gesagt hat
sollte ich euch irgendwann genauer erklären.

Viel Freude!
Euer Wilhelm Vossenkuhl

An alle Kinder

und Erwachsene

Warum UnSINN?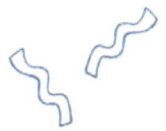

Wer den Sinn des Lebens verstehen will, sollte verstehen, was Unsinn ist. Das Rezept ist, erst das Gegenteil von dem zu verstehen, was man eigentlich verstehen will. Das ist beim Sinn des Lebens besonders zu empfehlen, weil er schwer zu greifen und zu begreifen ist. Manche glauben sogar, es gebe ihn gar nicht. Das wäre zu bedauern, denn wenn es keinen Sinn gibt, wird es wohl auch keinen Unsinn geben. Fangen wir also bescheiden mit dem Unsinn an, am anderen Ende des Sinns sozusagen. Den Unsinn findet man mühelos, er kann große Freude bereiten, aber auch nachdenklich und traurig machen. Am Ende ist es möglich, den Sinn des Lebens im Unsinn zu finden. Vielleicht findet jeder und jede von uns so den Sinn des eigenen Lebens beim Nachdenken über den Unsinn.

Das Wort *Unsinn* wird ungerecht und gedankenlos behandelt. Es wird wie ein großer, bodenloser Papierkorb benutzt, in den man alles hineinwirft, womit man sich nicht beschäftigen und worüber man nicht weiter nachdenken will. »Ach Unsinn!« oder »Das ist doch Unsinn« hört man so nebenbei. Das schüchtert ein. Manche benutzen auch schlimmere Ausdrücke wie »Das ist Müll!«. *Müll, Quatsch, Blödsinn, dummes Zeug* – das sind lauter Ausdrücke für Unsinn. Solche Wörter erschrecken einen, weil sie sagen, dass man schlecht oder gar nicht nachgedacht oder etwas nicht gewusst hat. Man fühlt sich dann so, als wäre man dumm. Dabei sind alle diese Worte nur Beleidigungen. Sie sagen nichts und erklären nichts. Letztlich sind diejenigen, die sie benutzen, dumm. Aber was bedeutet *dumm*?

Immanuel Kant sagt, Dummheit sei ein »Mangel an Urteilskraft«, ein Gebrechen, dem nicht abzuhelfen sei. Selbst »sehr gelehrte Männer« ließen diesen Mangel »im Gebrauch ihrer Wissenschaft« erkennen. Solche Männer nennen das, was weniger gelehrte sagen, häufig sehr selbstsicher und überheblich Unsinn. Was Kant *Urteilskraft* nennt, ist die Fähigkeit, etwas unvoreingenommen, abwägend und umsichtig, kenntnisreich und ohne sich zu widersprechen beurteilen zu können. Das ist schon recht schwer. Deswegen ist es auch nicht schwer, dumm zu sein. Nichts leichter als das. Wenn das schon sehr gelehrten Männern passiert, ist niemand dagegen gefeit, dumm zu sein. Weil das so leicht und auch Unsinn leicht ist, geht beides leider manchmal zusammen und wird zu wirklich dummem, ja blödem Unsinn. Davor sollten wir uns hüten. Beim Gebrauch des Wortes *dumm* ist nicht weniger Vorsicht geboten als beim Wort *Unsinn*.

Die Welt des Unsinns ist groß und voller Höhen und Tiefen. Uns interessieren vor allem die Höhen, aber die Tiefen dürfen wir nicht aus den Augen verlieren, weil wir sonst versehentlich in sie hineinstolpern, ohne es zu bemerken.

Welcher UNsinn?

Wer hat als Kind oder später nie »Mach keinen Unsinn!« gehört? Diese Aufforderung ist zweifelhaft, wenn Eltern oder andere Erwachsene nur wollen, dass man ihnen nicht auf die Nerven geht. Zweifellos gibt es viel schlechten Unsinn: Tiere quälen, Sachen mutwillig kaputtmachen, Eltern und Lehrer ärgern, Menschen mit Behinderungen nachäffen. Der schlechte Unsinn kann, muss aber nicht unmoralisch sein. Wer lügt oder betrügt, macht keinen Unsinn, sondern handelt schlecht und verletzt Gebote. Das kann man auch mit schlechtem Unsinn, wenn man andere quält oder lächerlich macht, sie belügt, beleidigt, verletzt und herabsetzt.

Der gute Unsinn ist ein Vergnügen und macht Freude. Er kann lustig und humorvoll sein und froh, aber dann auch nachdenklich und traurig stimmen. Tiere nachmachen, Sandburgen bauen, Grimassen schneiden, Versteck oder Fußball spielen, gute Witze und komische Geschichten erzählen, das ist lauter guter Unsinn. Spielen ist fast immer guter Unsinn. Schlecht ist Spielen, wenn man andere damit quält oder ihnen zeigen will, dass man besser ist als sie. Gut ist jeder Unsinn, der beim Lernen hilft. Lernen ist nachahmen, und spielerisches Nachahmen macht Freude. Wie würden Kinder sonst sprechen lernen? Nachahmen ist gar nicht einfach.

Das merkt man, wenn man versucht, Tiere nachzuahmen.

Eine Kuh macht nicht einfach in einer Tonlage »muh«. Wer hinhört, findet, dass sie – mit Betonung auf der zweiten Silbe – »mu-uuh« singt (c-d oder sogar c-f), je nachdem, ob sie zufrieden ist oder Hunger und Durst hat. Wer Muhen lernen will, sollte es mit Kühen auf der Wiese üben. Keine Kuh ist beleidigt, wenn man sie nachahmt. Vielleicht wundert sie sich, aber das können wir nicht wissen. Kühe kann man leicht nachahmen, Hühner und Enten auch, Pferde, Hunde und Schweine sind schwieriger, am schwierigsten sind Vögel. Das schafft nicht jeder. Wiehern ist nicht weniger schwierig als bellen und grunzen. Schnattern, gackern, quaken, meckern, krähen und blöken üben ist nicht einfach, aber macht Freude, besonders zusammen mit anderen. Auch Motorräder kann man nachahmen, und wenn man mit ihnen in einen Hühnerhof fährt, gibt es ein richtiges Konzert. Jeder, der mitmacht, kann eine Rolle übernehmen und loslegen.

Beim Sprechen- und Sprachenlernen ahmen Kinder Laute nach, zuerst Laute der Eltern, später die der Lehrerinnen und Lehrer. Zum Sprechenlernen braucht man ein gutes Gehör. Das kann man, ja muss man üben. Das geht nur laut. Ohne die eigene Stimme zu hören geht das kaum, aber es geht. Auch taube Menschen können sprechen lernen. Nachahmendes Lernen kann aber nicht nur stumm im Kopf stattfinden. Was für eine Freude haben kleine Kinder, wenn sie immer wieder dieselben Laute wiederholen – nicht immer zur Freude ihrer undankbaren Eltern. Dabei sollten die sich freuen, dass ihr Kind die ersten Laute auf dem Weg zum Sprechen übt und Freude an der Wiederholung hat.

Aber halt! Wie lernen Taubstumme eine Sprache? Über das Sehen und Denken. Sie lernen eine Sprache lesen und denken, ohne so sprechen zu können wie die anderen. Das ist in den Augen derer, die sprechen und hören können, besonders schwer. Wenn wir über diese Schwierigkeiten nachdenken, werden wir dankbar dafür, sprechen und hören zu können.

Mit *WÖr*tern UNd Sätzen *spiel*en

Mit anderen zusammen Tiere und Motorräder nachahmen macht viel Freude, ist aber auch nicht sehr schwer, weil man nicht nachdenken muss. Schwerer ist es, mit Wörtern und Sätzen zu spielen. Das geht nicht ohne Nachdenken. Wer kann mit lauter einsilbigen Wörtern eine kleine Geschichte erzählen? Ich versuche es:

»Tom wacht auf, gähnt, steht auf, zieht sich an, wäscht sich, isst ein Brot, trinkt ein Glas Milch und geht mit dem Ball zu Ralf in den Hof.«

Es macht Spaß, gemeinsam Geschichten aus einsilbigen Wörtern zu erzählen. Wer die schönsten Geschichten erzählt, sollte etwas gewinnen, einen kleinen Preis. Einfach ist es nicht, weil nicht nur die meisten Namen, sondern auch die meisten Tunwörter (Verben) und Hauptwörter (Nomina) mehrsilbig sind. Kürzel, die viele benutzen, wenn sie per Telefon Nachrichten verschicken, gelten nicht. Die gehören zwar auch zur Umgangssprache, werden aber von vielen, die nicht damit umgehen, nicht verstanden. Ähnlich ist es mit den verstümmelten Mitteilungen über die sozialen Netze. Die versteht auch niemand, der diese Dienste nicht nutzt. Die Wörter klingen zwar bekannt, sind aber im Zusammenhang unverständlich, weil sie etwas andeuten, was nur diejenigen verstehen, die ständig solche Nachrichten verschicken. Die Sprache verkümmert zur Übermittlung von Andeutungen an Eingeweihte.

Geschichten mit einsilbigen Wörtern sollten mit Bleistift und Papier erzählt werden, damit niemand die Wörter, die schon gefunden wurden, vergisst. Eine besondere Freude ist es, mit anderen zusammen Geschichten mit einsilbigen Wörtern zu erfinden. Dabei gewinnen alle, die mitmachen. Bei diesem Spiel lernen wir, dass der Gebrauch der Sprache schöpferisch und eine richtige Kunst ist. Es ist ein Suchen und Finden von Wörtern, aus denen Sätze werden. Das fällt uns meistens nicht auf, weil wir das Sprechen gewöhnt sind und selten nach Wörtern suchen müssen.

Aus spielerischem, sprachlichem Unsinn entsteht Sinn. Wir müssen im Spiel zwar einsilbige Wörter suchen und finden, aber Wörter suchen und finden müssen wir beim Sprechen immer. Es geht nur schneller, weil wir nicht auf die Menge der Silben achten müssen. Aus Wörtern ganze Sätze zu bilden, ist auch sonst nicht einfach. Wörter wie Tisch, Blatt, Bank haben zwar auch einen Sinn, es ist aber nicht klar, was wir mit ihnen meinen, wenn wir sie einfach so sagen. Wir werden denjenigen, der die Wörter ausspricht, dann fragen: »Welcher Tisch?« »Was für ein Blatt?« »Was für eine Bank? Die zum Sitzen oder die, wo man Geld abhebt?« Nicht nur diese, sondern alle Wörter haben nur in ganzen Sätzen einen Sinn, den wir verstehen können. Ähnlich ist es mit Eigennamen wie Ralf, Ida und Tom. Diese Wörter haben nicht einmal irgendeinen eigenen Sinn. Ihre Bedeutung ist immer eine Person, und wir verstehen sie nur, wenn wir die Person mit dem Namen kennen. Da es aber viele Personen mit diesen und allen anderen Namen gibt, können wir uns irren, und die Namen nicht mit den Personen verbinden, die tatsächlich gemeint sind.

Mit vIElen WÖrTERn NICHts sagen

Sicher wundert ihr euch manchmal, wenn ihr jemanden sprechen hört, der viele Wörter benutzt, aber wenig oder gar nichts
mit ihnen sagt. Wir können tatsächlich sprechen und viele
Wörter benutzen, ohne etwas zu sagen. Das gilt für uns alle,
nicht nur für Politiker. Viele Wörter unserer Sprache sind eine
Art Füllwörter – sinnvoll dann, wenn wir mit ihnen etwas be-
tonen, abschwächen oder ergänzen wollen. Ich schreibe euch
eine kleine Liste solcher Wörter:

sozusagen
sagen wir es mal so
ich will mal so sagen
an dieser Stelle
diesbezüglich
anders gesagt
wiederum
auch
alles
so ähnlich
überhaupt
ebenso wenig
genau
gegebenenfalls
nichtsdestotrotz
am Ende des Tages

Ihr könnt mit diesen oder vielen ähnlichen Wörtern und Phrasen das Spiel *Mit vielen Wörtern nichts sagen* spielen. Ich gebe ein Beispiel:

> »Es ist wiederum sozusagen überhaupt diesbezüglich an dieser Stelle am Ende des Tages nichtsdestotrotz auch alles genau so, oder anders gesagt, ist es auch so ähnlich, aber gegebenenfalls – ich will mal so sagen oder sagen wir es mal so – auch ebenso wenig.«

Sicher findet ihr mühelos ähnliche Füllwörter, aus denen ihr nichtssagende Sätze formen könnt. Ihr habt dabei viel Spaß und werdet beim Spielen darauf aufmerksam, wie wichtig es ist, Füllwörter knapp zu halten und möglichst nur zu gebrauchen, wenn ihr Ähnlichkeiten, Unterschiede oder Vergleiche anstellt oder Bedingungen nennt oder unklare Formulierungen durch klarere ersetzen wollt.

Füllwörter können einem Denkpausen gönnen, ähnlich wie die Laute *ah* oder *äh* oder *öh* oder *ehm*. Manche Menschen haben Lieblingsfüllwörter. Einer meiner Freunde sagt gerne *diesbezüglich*, ob es passt oder nicht. Ein Kollege, den ich sehr schätzte, hatte seine ganz eigenen Fülllaute. Er sagte da, wo andere *äh* sagen, *öh-nö*, wirklich! Das machte jeden, der es nicht gewohnt war, stutzig, weil es wie eine Verneinung oder wie »nur das nicht« klingt. Ihm selber verschaffte dieser merkwürdig eigentümliche Laut eine kleine Denkpause, uns anderen eine kleine Irritation, die aber unsere Aufmerksamkeit auf das, was er anschließend sagte, steigerte. Damit will ich euch aber nicht anregen, euch eigene Laute dieser Art zuzulegen.

Nachmachen gilt in diesem Fall nicht.
Viel Spaß beim Sprechen, ohne etwas zu sagen!

FrAGen über FRagEN

Ein Spiel, das wir auch mit viel Spaß gemeinsam spielen können, ist, auf eine Frage mit einer weiteren Frage zu antworten. Das tun wir sonst nicht. Wir erwarten, dass die Person, der wir eine Frage stellen, darauf antwortet und nur dann zurückfragt, wenn sie die Frage nicht verstanden hat. Ich versuche es:

> »Hast du etwas gehört? – Hat es geklingelt? – Wer könnte das sein? – Erwartest du jemand? – Hast du dich verabredet? – Hast du es vielleicht vergessen? – Willst du es nicht sagen? – Ist es geheim?« Und so weiter.

An diesem Spiel können viele teilnehmen. Wer mitspielt, stellt eine Frage, auf die dann die oder der Nächste eine weitere Frage stellt, bis zu einem Punkt, an dem niemandem mehr eine Frage einfällt. Einen solchen Punkt gibt es genau genommen nicht. Es ist wie in der Philosophie, in der jede Frage mindestens eine weitere auslöst. Deswegen glauben manche, »Fragen über Fragen« sei eine Art Definition der Philosophie. Allerdings liegen zwischen den Fragen viele Antworten. Sie sind aber nicht für alle befriedigend, deswegen werden dann von anderen weitere Fragen gestellt. Eine letzte Frage gibt es nur, wenn alle müde sind und nicht weiter fragen wollen oder am Lebensende.

Beim Fragen-Spiel müssen wir nicht über passende Wörter nachdenken, sondern über einen sinnvollen Zusammenhang. Jede neue Frage sollte sinnvoll mit der letzten zusammenhängen. Ähnlich wie bei den Geschichten mit einsilbigen Wörtern geht es um eine kleine Geschichte. Über die Frage, ob eine Geschichte einen Sinn ergibt, müssen alle Mitspieler gemeinsam nachdenken. Nach der Frage, ob es geklingelt hat, kann nicht gleich die Frage kommen, ob es geheim ist oder ob du es vergessen hast. Auch in diesem Spiel, das selbst keinen Sinn hat, entsteht Sinn in Gestalt einer Geschichte.

Im Leben gibt es Situationen, in denen Menschen auf Fragen mit Fragen antworten. Dafür kann es viele Gründe geben: Jemand will oder kann auf eine Frage nicht antworten, will ihr ausweichen oder hat tatsächlich keine Antwort; vielleicht will er sich darum drücken, antworten zu müssen, weil es peinlich, bloßstellend oder enthüllend wäre. Dann gibt es Fragen, die man besser nicht beantwortet, weil man mit jeder Antwort dumm dasteht oder sich zu etwas Schlechtem bekennt. »Warum hast du aufgehört zu lügen?«, ist so eine Frage. Wer darauf antwortet, gibt zu, dass er häufig gelogen hat, auch wenn seine

Antwort ist: »Ich habe eingesehen, dass es besser ist, die Wahrheit zu sagen.« Mit keiner Antwort ist man bei solchen Fragen aus dem Schneider. Dann ist es besser, nicht zu antworten.

Anfänger und Fortgeschrittene können im Fragen-Spiel solche Situationen nachahmen und sich Fragen überlegen, die niemanden ungeschoren davonkommen lassen. »Warum mogelst du nicht mehr bei Mensch-ärgere-dich-nicht?«, wäre so eine Frage, bei der noch nicht viel auf dem Spiel steht. Jede Antwort ist aber mit dem Bekenntnis verbunden, dass man gemogelt hat. Ernster wird es bei Fragen wie: »Wann hörst du endlich auf, meine Bleistifte zu klauen?« Ihr könnt im Spiel dann überlegen, ob solche Fragen unsinnig sind oder nicht. Das ist eine gute Übung, bevor es irgendwann im Leben richtig ernst wird mit solchen Fragen, zum Beispiel vor Gericht oder in peinlichen Situationen, in denen man – oft mit schlechtem Gewissen – Rede und Antwort über das eigene Verhalten stehen muss.

Eine Frage wäre dann noch, ob es Fragen gibt, die sinnvoll erscheinen, aber genau genommen unsinnig sind, weil sie unbeantwortbar sind. Solche Fragen sind zum Beispiel: »Warum soll ich die Wahrheit sagen?« Oder: »Warum soll ich moralisch handeln?« Das sind Fragen, in denen es um prinzipielle Forderungen geht, nämlich die Wahrheit sagen und moralisch handeln. Für Prinzipien und prinzipielle Forderungen gibt es keine Gründe. Sie gelten einfach. Deswegen sind Warum-Fragen, die nach Gründen für Prinzipien fragen, unsinnig im Sinn von verständnislos oder gar töricht. Das hält aber nicht jeden davon ab, solche Fragen zu stellen und sich dabei besonders klug und nachdenklich vorzukommen.

VORsilben-Un-SINN

Bisher habe ich sprachliche Spiele beschrieben und zum ge-
meinsamen Spielen in der Familie und mit Freunden empfoh-
len. Bleiben wir noch beim Spielen mit der Sprache. Wir können uns überlegen, ob alle Wörter, die wir gebrauchen, wirklich gleich sinnvoll und stimmig gebildet sind. Denkt an den
Zusammenhang zwischen Vorsilben und Wortstamm. Werden
die Vorsilben immer im gleichen Sinn gebraucht oder macht
die Sprache einfach, was sie will? Auch aus dieser Frage können wir ein Spiel machen, das wir gemeinsam spielen können.
Vorsilben sind Teile von Wörtern, von Verben, Adjektiven und
Substantiven, die vor dem Wortstamm stehen. Lehrer und Lehrerinnen erklären die Grammatik der Vorsilben in der Grund-
schule meistens am Beispiel von Verben (in meiner Schule
wurden die Verben noch *Tunwörter* genannt). So ernst soll es
hier aber nicht zugehen. Es geht ja um Unsinn und spielen. Wer
findet Adjektive oder Substantive, die zeigen, dass Vorsilben,
die eine eigene Bedeutung zu haben scheinen, nicht immer in
der gleichen Bedeutung gebraucht werden? Wenn es solche
Adjektive und Substantive gibt, ist unsere Sprache nicht frei
von Unsinn, also nicht frei von abweichendem Sinn. Ich gebe
ein Beispiel:
Die Vorsilbe *un-* hat eine eigene Bedeutung. Sie wird häufig
wie eine Verneinung gebraucht und bedeutet in Verbindung

mit Wörtern wie *Sinn*, also *Un-sinn*, soviel wie kein Sinn oder ohne Sinn. Mittlerweile wissen wir, dass das gar nicht stimmt! Ähnlich verhält es sich mit *un-klar, un-wirklich, un-schön, undeutlich* und so weiter. In Verbindung mit dem Substantiv *Kosten* bedeutet die Vorsilbe aber genau das Gegenteil. *Un-Kosten* sind tatsächliche Kosten, die bezahlt werden müssen, und nicht etwa keine Kosten. In diesem Zusammenhang hat die Vorsilbe eine verkleinernde, verniedlichende Bedeutung, als ob die Kosten gering und eher eine Art selbstverständliche, kleine Gebühr wären. Die Verneinung steht noch im Hintergrund. Wieder anders ist es bei *un-förmig*. Hier wird keine Form verneint. Wenn ein Körper übermäßig groß geraten ist, nennen wir ihn so. Ein solcher Körper ist nicht etwa formlos. Ähnlich verhält es sich bei *un-heimlich*. Dieses Adjektiv bedeutet keineswegs, dass etwas nicht heimlich ist, sondern dass ein Ereignis oder eine Person beängstigend und bedrohlich erscheint. Auch beim Substantiv *Un-mut* verneint die Vorsilbe

nicht den Mut. Es geht um eine besondere Gemütslage. Oft ist es eine Verärgerung, die sich dann in dem äußert, was jemand sagt oder tut.

In allen diesen Beispielen hat der Wortstamm, der nach der Vorsilbe kommt, eine eigene Bedeutung. Das muss aber nicht sein. Bei manchen Adjektiven oder Substantiven lassen sich die Vorsilben nicht vom Wortstamm trennen, weil nur beides zusammen einen Sinn ergibt. Ein Beispiel dafür ist das Wort *unwirsch*. Der Wortstamm *-wirsch* hat keine eigene Bedeutung. Sicher kann eine Sprachwissenschaftlerin erklären, woher der Wortstamm kommt. Das Adjektiv hat nur mit der Vorsilbe zusammen eine Bedeutung, nämlich *barsch* oder *un-geduldig*.

Es gibt im Deutschen sehr viele Vorsilben, mit denen ihr auf der Suche nach unterschiedlichen Bedeutungen spielen könnt. Ihr werdet sehen, dass es immer darauf ankommt, in welchem Zusammenhang ein Wort gebraucht wird. Eine der vielen Vorsilben ist *vor*. Die eigene Bedeutung scheint bei dieser Vorsilbe klar zu sein. Etwas steht vor etwas anderem. Es kommt aber darauf an, ob es um einen räumlichen oder zeitlichen oder einen räumlichen und zeitlichen Zusammenhang geht. Bei *vor-zeitig*, *vor-eilig* und *vor-läufig* geht es um etwas in der Zeit, genauer gesagt, um Zeitpunkte oder Zeiträume auf einer gedachten Zeitachse, die wie ein Pfeil in die Zukunft weist. Das klingt komplizierter, als es ist. Eine räumliche Bedeutung hat das Wort *Vor-kommen*, wenn es z. B. um Bodenschätze geht. Dann bedeutet *etwas kommt vor* so viel wie *es gibt irgendwo etwas*. Das ist sowohl räumlich als auch zeitlich gemeint. Dinge und Ereignisse kommen vor. Es gibt sie an einem Ort zu einer Zeit. Wenn wir von einem *Vor-kommnis* sprechen, meinen wir in diesem Sinn ein Ereignis, das irgendwo und irgendwann stattgefunden hat. Die Vorsilbe *vor* kann auch weder zeitlich noch räumlich, sondern allein sprachlich, in der Kommunikation mit anderen gebraucht werden, wenn wir z. B. von *Vor-haltungen* sprechen. Wir meinen damit Vorwürfe, welche die einen den anderen machen. Es ist, als würde derjenige, welcher einem anderen einen Vorwurf macht, etwas wie einen Handschuh oder ein Glas dem anderen vor die Füße werfen.

Es geht, wie ihr sehr, nicht immer um Unsinn bei der Bildung von Wörtern, sondern um abweichenden, unterschiedlichen Sinn. Es lohnt sich, nach Adjektiven und Substantiven zu suchen, die dafür Beispiele sind, weil wir dabei etwas über unsere

Sprache lernen, was uns sonst nicht auffällt. Wir graben Bedeutungen und Bedeutungszusammenhänge aus und freuen uns, wenn wir etwas Komisches gefunden haben. Wir lernen, dass die Sprache macht, was sie will. Sie spielt mit den Bedeutungen der Wörter. Das fällt uns selten auf. Vieles kommt uns zunächst unsinnig vor, ist es aber gar nicht, weil es immer einen Sinn ergibt, mit dem wir uns verständigen können. Darauf kommt es an.

Das alles ist nicht neu. Der Sprachwissenschaftler Ferdinand de Saussure (1857–1913) hat vor mehr als hundert Jahren beschrieben, wie wir Silben mit Wörtern frei verbinden (assoziieren), ohne dass es dafür irgendeine Gesetzmäßigkeit gibt. Die Sprache ist nichts Feststehendes, nichts Substanzielles, nichts Unveränderbares, aber sie hat Formen und Gestalten.

Mit UnSINN gegen UNsinn
(Dadaismus und mehr)

Mitten im Ersten Weltkrieg, 1916, hat Hugo Ball (1886–1927) in Zürich den Dadaismus begründet. In Gedichten, Skulpturen, Bildern, im Tanz, im Kabarett, in so gut wie allen Kunstgattungen hat sich diese Kunstrichtung in den Jahren danach geäußert. Bedeutende Künstlerinnen und Künstler haben sich der Richtung angeschlossen, sich aber auch wieder von ihr abgewandt. Mit offensichtlichem Unsinn gegen den Wahnsinn des Krieges protestieren? Der Protest gegen den Krieg war sicher ein Motiv für diese Unsinns-Kunst. Natürlich ist es ein harmloser Protest verglichen mit den Gräueln des Krieges, ein Ausdruck der Hilflosigkeit gegenüber der Katastrophe mit Millionen Toten. Ihr könnt im Internet dadaistische Gedichte finden und versuchen, sie laut zu lesen. Hier ist das Gedicht »Karawane« von Hugo Ball aus dem Jahr 1917. Es ist ein Lautgedicht, eine Art Lautmalerei, ein Spiel mit Lauten:

Karawane

jolifanto bambla ô falli bambla
grossiga m'pfa habla horem
égiga goramen
higo bloiko russula huju

hollaka hollala
anlogo bung
blago bung
blago bung
bosso fataka
ü üü ü
schampa wulla wussa ólobo
hej tatta gôrem
eschige zunbada
wulubu ssubudu uluw ssubudu
tumba ba – umf
kusagauma
ba – umf

Der Dadaismus lotet alle Ausdrucksmittel, die es gibt, aus, von der Sprache über die Bildende Kunst bis zur Musik. Wenn wir unsere Sprache in Laute zerlegen, können wir sie nur noch hören, aber nicht mehr verstehen. Die Laute selbst sagen nichts. Sie sagen auch nicht, wo sie hingehören. Sie setzen sich selbst nicht mehr zusammen. Es ist wie mit dem Ei, das herunterfiel und zerbrach. Es ist das Ei aus einem englischen Kinderreim. Lewis Carroll (1832–1898) hat es in seinem Buch »Alice hinter den Spiegeln« (1871) aufgeschrieben:

Humpty Dumpty sat on a wall:
Humpty Dumpty had a great fall.
All the King's horses and all the King's men
Couldn't put Humpty in his place again.

Es bedeutet übersetzt:

Humpty Dumpty saß auf einer Mauer:
Humpty Dumpty hatte einen schweren Sturz.
Alle Pferde des Königs und alle Männer des Königs
Konnten Humpty Dumpty nicht mehr an seinen Platz
zurücksetzen.

So ähnlich ist es mit den Wörtern und den Lauten, aus denen sie bestehen. Wenn die Wörter auseinanderfallen und in lauter einzelne Laute zerlegt sind, können sie nicht mehr zusammengeflickt werden. Natürlich können wir die Laute wieder zu Wörtern machen, wenn wir wissen, wie die Wörter lauten können. Wenn wir aber die Laute beliebig durcheinandermischen, wissen wir nicht gleich, zu welchen Wörtern sie gehören. Schaut euch diese Laute an, die Silben deutscher Wörter sind, und überlegt, zu welchen Wörtern sie gehören:

le – nigs – ner – kö – män – al – des

Sicher kommt ihr gleich drauf, dass es die Wörter »alle Männer des Königs« sind. Ihr könnt selbst ein Spiel daraus machen. Nehmt einfach einige Sätze, zerlegt die Wörter in Silben und versucht dann daraus wieder Sätze zu machen. Ihr solltet dieses Spiel mit verteilten Rollen spielen, sonst ist es zu einfach. Wenn ihr das geschafft habt, könnt ihr versuchen, die Wörter in reine Laute zu zerlegen. Am gleichen Beispiel sieht das so aus:

le – ni – gs – ne – r – kö – mä – än – al – de – es

Es kommt darauf an, was ihr als Laute nehmen wollt. Das ist nicht festgelegt. Jeder Buchstabe kann als Laut gesprochen werden. Wenn ihr jeden Buchstaben als Laut nehmt, zerfallen die Wörter endgültig. Wenn sie ganz zerfallen sind, könnt ihr versuchen, daraus eine andere Sprache zu machen. Hugo Balls Gedicht »Karawane« klingt an manchen Stellen so, als würden die Laute zu Wörtern einer anderen Sprache gehören. Manches klingt wie aus dem Russischen oder Italienischen. Mit den Lauten unserer Sprache können wir aber nur begrenzt andere Sprachen zusammenbauen. Es gibt Sprachen wie das Chinesische, das aus Lauten besteht, die wir nicht benutzen und die wir nur mit Mühe nachsprechen können. Den Klang dieser Laute kennen wir aus unserer Sprache nicht. Noch weniger kennen wir die Klicklaute der Sprache der Buschmänner in Afrika. Der Unterschied zwischen Silben und Lauten ist größer, als wir zunächst denken. Silben sind noch nahe an der Sprache mit Wörtern, die eine Bedeutung haben. Laute sind weiter davon entfernt, aber immer noch mit der Sprache verbunden. Das könnt ihr hören, wenn ihr eine Italienerin oder einen Briten in der Nachbarschaft bittet, euch das Alphabet vorzusprechen. Der Buchstabe *h*, im Deutschen *ha*, hört sich italienisch wie *ascha* an, englisch wie *eitsch*, also ganz fremd für uns. Trotzdem gehören die beiden Sprachen wie auch unsere zur großen indogermanischen Sprachfamilie.

Jetzt können wir wieder an Ferdinand de Saussures *Allgemeine Sprachwissenschaft* denken. Er schrieb: »Die Sprache ist ein System von Zeichen, die Ideen ausdrücken, und insofern der Schrift, dem Taubstummenalphabet, symbolischen Riten, Höflichkeitsformen, militärischen Signalen usw. vergleichbar. Nur ist sie das wichtigste dieser Systeme.« Wenn ihr de Saussures Buch lest, versteht ihr, warum es einen Unterschied gibt zwischen der Schrift und der Sprache, zwischen den geschriebenen und gesprochenen Lauten, und dass sich beides im Lauf der Zeit immer wieder verändert hat. Ihr lernt den Unterschied zwischen der stimmhaften und stimmlosen Aussprache bestimmter Buchstaben kennen. De Saussure nennt als Beispiele aus dem Französischen die Wörter *mais* und *fait*, die *mè* und *fè* gesprochen werden. Er meint, wir hätten an Schreibweisen festgehalten, die »keine vernünftige Daseinsberechtigung haben«. Er hätte auch sagen können, dass die Schreibweisen von vielen Wörtern, verglichen mit der Aussprache, keinen Sinn ergeben und unsinnig sind.

Besonders spannend wird es, wenn es um den Zusammenhang zwischen Sprechen und Denken geht. Ist das, was wir denken, lautlich organisiert und welche Bedeutung hat die Grammatik für das, was wir denken? Es gab Philosophen, die glaubten, dass die Sprache ein logisches Gerüst hat, das die Bedeutungen dessen, was wir denken, zuverlässig macht. Sie sprachen von einer »logischen Grammatik« und glaubten an feste logische Gesetzmäßigkeiten, die allem, was einen Sinn hat, zugrunde liegen, wirklich allem. Der Schritt zur Verbindung der Grammatik mit der Mathematik war dann nicht mehr weit. Führt das nicht weit weg von der lebendigen, gesprochenen Sprache? Wir können mit der Sprache doch machen, was wir wollen und müssen uns nicht erst nach einer Grammatik richten. Vor allem folgen wir mit dem, was wir mit der Sprache machen wollen, keiner bestimmten Logik.

Wenn wir uns anschauen, was wir mit unserer Sprache machen, wenn wir beschreiben, was es gibt, erkennen wir, dass es nicht nur auf die Grammatik ankommt, wollen wir verständlich sprechen. Es kommt auch auf die Verbindung der Wörter mit den Dingen an und auf das, was wir mit ihnen machen. Dann verstehen wir, dass das Sprechen ein Handeln ist, dass wir mit der Sprache immer etwas tun. Der Philosoph Ludwig Wittgenstein (1889–1951) erkannte, dass die Bedeutung einer Sprache in ihrem Gebrauch liegt. Wenn ein Freund zu mir sagt: »Dort ist eine Bank«, hilft er mir, wenn ich Geld abheben oder mich ausruhen will, je nachdem, wie das Wort *Bank* gebraucht wird. Wenn er weiß, was ich suche, verstehe ich ihn. Es genügt übrigens nicht, wenn mein Freund nur das Wort *Bank* sagt. Er muss das Wort in einen Satz einbinden, dann verstehe ich ihn. Wörter haben nur in Sätzen eine gut verständliche Bedeutung. Natürlich kann mein Freund auf eine Bank zeigen und das Wort *Bank* sagen, dann macht er aus der Verbindung des Wortes mit der Geste etwas, das wie ein ganzer Satz eine Bedeutung hat.

Für Befehle wie »Halt!« oder Warnungen wie »Pass auf!« genügen auch nur einzelne Wörter, die mit einer bestimmten Betonung gesprochen werden. Ihre Bedeutung wird dann wie ein ganzer Satz verstanden.

Lernen kleine Kinder sprechen, fangen sie nicht mit ganzen Sätzen, sondern mit einzelnen Wörtern an. Die Mutter und der Vater zeigen auf etwas und sagen dann das passende Wort. Das Kind wiederholt es immer wieder. Ludwig Wittgenstein sagt deswegen, dass das »Lehren der Sprache ... kein Erklären, sondern ein Abrichten« ist. Nicht alle Wörter bezeichnen Dinge. Zahlwörter wie »drei« dienen dem Zählen. Kinder können solche Wörter nur lernen, indem sie sie beim Zählen gebrauchen. Allmählich lernen Kinder, was man alles mit der Sprache machen kann – unter anderem kann man mit ihr spielen. Wittgenstein spricht von »Sprachspielen« und nennt eine ganze Menge von Spielen: befehlen, beschreiben, berichten, eine Geschichte erfinden, Theater spielen, Reigen singen, Rätsel raten, Witze erzählen.

ThEATer spiel*en*

Ein Spiel mit der Sprache, das besonders viel Spaß macht, ist das frei erfundene Theaterspiel. Ihr denkt euch eine Geschichte aus, die vielleicht so ähnlich ist wie das, was ihr in der Schule, beim Einkaufen oder in den Ferien erlebt habt. Natürlich muss es etwas sein, das euch beeindruckt und gefallen hat. Vielleicht hat euch der Eisverkäufer am Strand mit seinem Singsang, seinem übertriebenen Lob für seine tollen Eissorten, die es sonst nirgends auf der Welt gibt, besonders gefallen. »Zwei Kugeln vom besten Eis der Welt nur ein Euro!« Dann spielt einer von euch den Eisverkäufer und die anderen kaufen bei ihm ihre Lieblingssorten ein. Vielleicht hat er eure Lieblingssorte nicht und erklärt dann, welche Sorte viel besser schmeckt, oder ihr habt nicht genug Geld für vier Kugeln dabei und handelt mit ihm einen Sonderpreis aus. Oder ihr erklärt ihm, dass das Schokoeis in eurer Lieblingseisdiele zu Hause viel besser schmeckt. Mal sehen, was er dann sagt. Ihr denkt euch einfach aus, wie es beim Eis kaufen und beim Eis essen so zugeht.

Wenn ihr spielen wollt, was in der Schule passiert, was die Lehrerin oft sagt, was sie fragt und was ihr dann darauf antwortet, macht das besonders Spaß, wenn ihr die Lehrerin mögt. Lehrer, die ihr nicht leiden könnt, solltet ihr nicht nachmachen. Es ist immer schlecht, jemanden nachzuahmen, den man nicht mag. Da wird das Nachahmen zum Nachäffen, und jemanden nachzuäffen ist immer beleidigend und schlecht. Ihr müsst euch nur überlegen, ob die Menschen, die ihr nachmacht, davon gekränkt wären oder nicht. Tiere sind nicht beleidigt, wenn ihr sie nachmacht. Bei Menschen ist es anders, vor allem bei Menschen, die lispeln, stottern oder eine Behinderung haben. Die sind mit Recht gekränkt, wenn sie nachgemacht werden. Behinderungen sind Schwächen, und sich über die Schwächen anderer lustig zu machen, ist wirklich schlecht. Stellt euch einfach vor, dass ihr selbst eine Behinderung hättet. Andere zu kränken darf keinen Spaß machen, auch nicht

beim Theater spielen. Es ist immer schlecht, die Schwächen anderer auszunutzen oder sich über sie lustig zu machen. So entsteht nach und nach ein schlechter Charakter.

Nehmen wir also an, die Lehrerin, die ihr mögt, hat eine auffällige Stimme und sagt immer wieder das Gleiche, wenn sie euch ermahnt, endlich aufzupassen. »Paul, niiicht mit dem Schtuuhl schaukäln!« »Eva, niiicht schtändik mit der Doohris quassäln!« Vielleicht spricht die Lehrerin mit etwas Dialekt. »Wos is dän des do?« Oder: »Habt's ihr eiere Heftsche ned derbei?« Erst müsst ihr herausfinden, was für ein Dialekt es ist, und dann könnt ihr ihn üben. Dialekte nachmachen ist nicht einfach, es macht aber viel Spaß, wenn man irgendwann ein wenig Schwäbisch, Hessisch, Sächsisch oder Bayerisch kann. Sächsisch kann man üben, indem man beim Sprechen mit dem Unterkiefer rechtsherum oder linksherum malt wie mit einer Pfeffermühle. Echte Sachsen sind sicher nicht beleidigt, wenn ihr das übt.

Ich erinnere mich gut an meinen Lateinlehrer, der bei Klassenarbeiten herumging, unsere fragenden Gesichter sah und immer wieder mit einem Anflug von Schadenfreude sagte: »Wer's weiß, wird's wissen.« Oft denke ich an meine erste Englischlehrerin, die immer dann, wenn jemand von uns etwas nicht wusste, in breitem Schwäbisch sagte: »De Deifl isch a Aichhärnle!« (Der Teufel ist ein Eichhörnchen!) Verehrer von Eichhörnchen wie der Schriftsteller Friedrich Hebbel hätte diese Auskunft wohl nicht erschüttert. Sehr komisch war auch ein Deutschlehrer, der auf alles, was wir ihn fragten, erst einmal sagte: »Natürlich nicht«, dabei die rechte Hand wie ein Stoppschild hob und einen Schritt zurückging. Dann hatten wir einen liebenswerten Biologielehrer, der uns die Arbeit der Herzklappen erklärte. Er sagte: »Die Herzklappen arbeiten Hand in Hand«, rieb dabei den Daumen der linken Hand an Zeige- und Mittelfinger und kratzte sich gleichzeitig mit der rechten Hand an seinem Hintern. Jeder Jahrgang unserer Schule erwartete genau diese Geste. Die Freude war groß, wenn sie sich wiederholte. Der sympathische Lehrer wusste nicht, worüber wir uns so freuten. Wir haben diese Lehrer sehr gemocht und liebevoll bei allen möglichen Gelegenheiten nachgemacht und dabei viel Spaß gehabt. Solche Originale gibt es heute vielleicht nicht mehr so viele. Fragt eure Eltern und Großeltern, ob sie sich an komische Eigenheiten ihrer Lehrerinnen und Lehrer erinnern.

SpiELEn
(Schiller und mehr)

Es gibt kaum etwas, was mehr Freude macht als spielen, ob mit oder ohne Regeln. Spielen ist einfach schön und gut und sollte keinen anderen Sinn haben als das Spielen selbst. Aber auch spielen will gelernt sein: Viele Spiele wie Fußball, Tennis oder Schach haben Regeln, die eingehalten werden müssen. Natürlich gibt es am Ende Gewinner und Verlierer, und wer wollte nicht lieber Gewinner als Verlierer sein? Beim Spielen jedoch sollte es nicht ums Gewinnen, sondern nur ums Spielen gehen. Friedrich Schiller (1759–1805) schrieb, der Mensch sei nur da ganz Mensch, wo er spielt. Das Spielen sei ein Ausdruck des höchsten aller menschlichen Ansprüche, der Freiheit. Das ist ein Gedanke in luftiger Höhe. Was Schiller sagen will, ist, dass wir Menschen nur im freien Spiel unsere zwei wichtigsten Anlagen, das körperliche Empfinden und das vernünftige Denken, vereinigen können. Wir machen aus dem gegensätzlichen Paar im Spiel eine Einheit. Schiller denkt natürlich nicht ans Fußballspielen, sondern an das Spiel der Kunst und an die Schönheit als Spielergebnis. Wenn ein Künstler oder eine Künstlerin etwas Schönes geschaffen hat, vereinigen sie in ihrem Werk Vernunft und Gefühl, und zwar spielend.

Sind nicht gute Fußballspielerinnen und Fußballspieler auch Künstler? Ein erstklassiger Spielzug setzt einen guten, blitzartigen Gedanken und die körperliche Fähigkeit, ihn umzusetzen, voraus. Das ist Spielwitz und doch auch eine Kunst. »Nun ja« oder »Unsinn!«, werden die Fußballmuffel einwenden, das sei weit hergeholt. Mag sein, aber ich bin überzeugt, Vernunft und Gefühl können nicht nur Künstler vereinigen, sondern alle Menschen, die gelernt haben, frei zu spielen, ob auf dem Klavier, mit dem Pinsel oder mit dem Ball. Ich denke sogar, dass eine Wissenschaftlerin oder ein Wissenschaftler auch gut spielen können muss, um eine neue Einsicht zu gewinnen. Sie müssen Vernunft und Gefühl, Wissen und Intuition miteinander verbinden können, sonst wiederholen sie nur das, was andere schon herausgefunden haben. Neue Einsichten haben ihre eigene Schönheit.

Jetzt werdet ihr sagen, dass das doch alles mit Unsinn nichts zu tun hat. Nicht ganz, denn das freie Spiel, das kein anderes Ziel und keinen anderen Sinn als das Spielen selbst hat, ist in gewisser Weise sinnfrei. Gut, es ist kein bloßer Unsinn, weil ja etwas Schönes, eine neue Erkenntnis oder ein schöner Spiel-

zug am Ende steht. Es ist aber Unsinn, verglichen mit allem, was einen Nutzen hat, verwertbar ist und Geld und materiellen Gewinn bringt. Gute Beispiele dafür sind in meinen Augen Gedichte, also das, was Dichterinnen und Dichter schreiben. Mir fällt das Lied des Türmers Lynceus in Goethes Tragödie »Faust« ein (Verse 11288–11303). Er singt:

Zum Sehen geboren,
Zum Schauen bestellt,
Dem Turme geschworen,
Gefällt mir die Welt.

Ich blick' in die Ferne,
Ich seh' in der Näh'
Den Mond und die Sterne,
Den Wald und das Reh.

So seh' ich in allen
Die ewige Zier,
Und wie mir's gefallen,
Gefall' ich auch mir.

Ihr glücklichen Augen,
Was je ihr gesehn –
Es sei, wie es wolle,
Es war doch so schön!

Das ist wirklich schön! Wir können nicht wie Goethe schreiben. Wir können aber lesen, und Gedichte lesen und immer wieder

lesen, stundenlang. Das ist, verglichen mit allem, was nützlich ist in der Welt, reiner Unsinn und eine Quelle der Freude. Das gilt nicht nur für das Lesen von Gedichten, sondern für das Lesen von Romanen und guten Büchern. Wenn ich Adalbert Stifters (1805–1868) letzten großen Roman »Witiko« lese, geht es mir gut. Wenn ihr diesen wunderbaren Roman lest, werdet ihr erstaunt sein, wie schön das Lesen ist, welche Ruhe es einem gibt und welche Ruhe es ausstrahlt. Seitenweise passiert in dem Roman wenig oder gar nichts. Dafür weitet sich aber der Blick und ihr könnt eine herrliche Landschaft sehen. Die Landschaft gibt es tatsächlich: der Bayerische Wald und der Böhmerwald. Leider sterben in dieser Landschaft zurzeit viele Bäume, weil es zu trocken ist und der Borkenkäfer sich zu sehr verbreitet. Die häufiger werdenden Stürme haben dann ein leichtes Spiel, die Wälder zu zerstören. Tröstlich und schön ist es, die Landschaft lesend so kennenzulernen, wie sie im 19. Jahrhundert aussah, als Adalbert Stifter dort wanderte. Es war seine Lieblingslandschaft. Er wurde im Böhmerwald geboren, in Oberplan. Das liegt heute in Tschechien. Stifters »Witiko« ist nur ein Beispiel von vielen. Lesen ist eine Quelle der Freude und hat keinen anderen Sinn als das Lesen.

NonSENSE-Dich*tung*
(Edward Lear und Patrick Barrington)

Weiter oben habe ich vom Dadaismus berichtet. Im Englischen gibt es etwas, das ähnlich, aber dann doch ganz anders ist: Es ist die Nonsense-Poetry. Natürlich kann man sie als *Unsinnsdichtung* bezeichnen, aber besser ist es, das Wort *nonsense* einfach wie einen Eigennamen stehen zu lassen. Der Dadaismus ist Lautmalerei. Die Laute sind frei aneinandergereiht, ergeben meistens keine sinnvollen Wörter, oft auch keine Reime. Die Nonsense-Dichtung malt nicht mit Lauten, sondern mit sprachlichen Bildern von Menschen und Dingen, die frei zusammengestellt sind, sich aber reimen. Ein Nonsense-Dich-

ter war Patrick Barrington (1908–1990). Eine seiner Gedicht-Sammlungen heißt »Songs of a Sub-Man« (1934). Auch diesen Titel lassen wir am besten halb übersetzt mit »Lieder eines Sub-Man« stehen, weil das Wort *sub-man* im Deutschen *Untermensch* bedeuten könnte, ein Wort, das wir meiden sollten, weil es die Nationalsozialisten gebraucht haben. Etwas freier übersetzt könnte man auch sagen »Lieder eines Menschen im Untergeschoß«. Hier ist die erste Strophe eines seiner Gedichte:

42

I Had a Hippopotamus

I had a Hippopotamus, I kept him in a shed
And fed him upon vitamins and vegetable bread
I made him my companion on many cheery walks
And had his portrait done by a celebrity in chalk

Ich hatte ein Nilpferd

Ich hatte ein Nilpferd, ich hielt es in einem Stall
Und fütterte es mit Vitaminen und Gemüsebrot
Ich machte es zu meinem Begleiter auf vielen fröhlichen
Spaziergängen
Und ließ sein Portrait von einer Berühmtheit in Kreide
malen

Ihr werdet euch fragen, wie man einem so unförmigen Tier wie einem Nilpferd so eine zärtliche Liebeserklärung schreiben kann. Alle Gedichte von Patrick Barrington sind liebevoll und zartfühlende Liebeserklärungen. Patrick war ein irischer

Adliger, der elfte Viscount Barrington, Junggeselle, leise sprechend und überaus freundlich. Das Adelshaus ist mit ihm ausgestorben. Interessant ist, dass er zwischen 1940 und 1945 in Bletchley Park arbeitete, wo der Mathematiker Alan Turing mit seinem Team die deutsche Verschlüsselungsmaschine Enigma und damit den deutschen Nachrichtenverkehr im Zweiten Weltkrieg entschlüsselte. Ich hatte das Glück, Patrick Barrington einmal zusammen mit meinem Freund Nick Fogg in London zu besuchen. Er trug uns einige seiner Gedichte vor, ein unvergessliches Erlebnis.

Hier ist noch ein Beispiel:

My Love is a Theosophist

My love is a Theosophist
And reads the Ramayana
Her luncheon is a pot of tea,
Her breakfast a banana.
She says that matter tends to clog
The spirit-force behind it.
My love is a Theosophist,
And very tough I find it.

Meine Geliebte ist Theosophin

Meine Geliebte ist Theosophin
Und liest das Ramayana
Ihr Mittagessen ist eine Kanne Tee

Ihr Frühstück eine Banane.
Sie sagt, dass die Materie dazu neigt,
Die Geisteskraft hinter ihr zu hemmen.
Meine Geliebte ist Theosophin,
Und sehr hartgesotten, wie ich finde.

Auch dieses Gedicht ist eine Liebeserklärung und gleichzeitig ironisch und hintersinnig. Ihr werdet wissen wollen, was eine Theosophin ist. Das ist eine Frau, die sich mit göttlicher Weisheit beschäftigt. Theosophie ist eine Mischung aus Philosophie und Theologie. Es gibt sie in allen großen Religionen. Dann wollt ihr sicher wissen, was das »Ramayana« ist. Das ist eine indische Heldengeschichte, die vom Prinzen Rama erzählt. Er wird von seinem Vater verbannt, besiegt aber böse Dämonen und kehrt triumphal zurück. Der Zusammenhang zwischen dieser Heldengeschichte und der Theosophie ist etwas unklar, aber das macht nichts. Es ist ja ein Nonsense-Gedicht, da muss nichts genau stimmen. Ein Gedanke, der zur Theosophie passt, steckt aber doch schon in der ersten Strophe, nämlich der, dass die Materie die geistige Kraft hemmt. Unser Geist kann sich nicht so frei bewegen, wie wir es gerne hätten, weil wir mit unserem Kopf denken, und der ist nun mal aus Fleisch und Blut, besser gesagt aus Nervenzellen und Neuronen. Das merken wir, wenn wir beim Denken müde und schläfrig werden oder etwas nicht genau verstehen. Das ist also schon ganz hintersinnig gereimt von Patrick Barrington.

Älter und bekannter als Patrick Barrington ist Edward Lear (1812–1888). Er war *der* Nonsense-Poet der Viktorianischen Zeit. Er kam im Norden von London als Zwanzigstes von einundzwanzig Kindern zur Welt, kannte seine Mutter kaum und wurde von seiner ältesten Schwester Ann erzogen. Seine zweitälteste Schwester Sarah brachte ihm Lesen und Schreiben bei. In der Schule war er nur kurz und dabei unglücklich. Sein Leben war von frühester Kindheit an von Asthma und dann ab dem sechsten Lebensjahr von Epilepsie gezeichnet. Als Siebzigjähriger schrieb er in sein Tagebuch, dass er dankbar dafür sei, durchgehalten zu haben und unter diesem Dämon – der Epilepsie – nicht völlig schlecht, verrückt und traurig geworden zu sein (31. Juli 1882). Das hätte leicht passieren können, weil seine Familie alles verlor, als er fünfzehn war.

Edward Lear war ein hochbegabter Zeichner, spezialisiert auf Vogelkunde, und gab sogar Königin Victoria Zeichenunterricht. Er wurde ein sehr gefragter und erfolgreicher Illustrator, war viel auf Reisen und lebte elf Jahre in Rom. Darüber hinaus machte er sich einen Namen als Dichter, ja, wurde der Nonsense-Poet schlechthin. Nonsense ist nach Lears Verständnis eine Philosophie und eine Kunstgattung. Er erfand Wörter wie *runcible* und *scroobious*. Solche Nonsense-Wörter haben keine Bedeutung, drücken aber ein Gefühl aus. Lear veröffentlichte vier Bände mit Gedichten und Zeichnungen zwischen 1846 und 1877. Zugänglich sind Lears Gedichte und Geschichten, von ihm selbst wunderbar illustriert und informativ eingeleitet, in dem großen Band »The Complete Verse und Other Nonsense«.

Manches von dem, was Lear unter Nonsense verstand, wird heute nicht als politisch korrekt empfunden werden, und manch einer mag Probleme mit seinen satirischen Limericks haben. Er war ein Kind seiner Zeit, der das Bittere, Groteske und Absurde des Lebens in London, aber auch an anderen Orten in Reimen und Zeichnungen verarbeitete. Rührend ist Lears einhundertzwölf Zeilen langes Gedicht zum Geburtstag seiner Schwester Ann vom 17. Januar 1826, das so beginnt:

To Miss Lear on her Birthday

Dear, and very dear relation,
Time, who flies without cessation, –
Who ne'er allows procrastination –
Who never yields to recubation
Nor ever stops for respiration,
Has brought again in round rotation
The once and yearly celebration
Of the day of thy creation, – […]

Für Miss Lear zu ihrem Geburtstag

Liebe, und sehr liebe Verwandte,
die Zeit, die ohne Unterlass fliegt,
die keinen Aufschub erlaubt –
die niemals ein Zurücklehnen gewährt,
noch jemals zum Atemholen anhält,
brachte wieder in runder Umdrehung,
das einmalige und jährliche Fest
des Tages deiner Erschaffung, – […]

Viele seiner Gedichte sind, wie dieses für seine Schwester, keineswegs komisch oder satirisch, sondern zeitlos, melancholisch und lyrisch:

From the pale and the deep

From the pale and the deep
From the dark and bright –
From the violets that sleep –
Away from light: –
From the lily that flashes
At morn's glad call –
The bee gathers honey
And sweets from all. –

Von dem Bleichen und Tiefen

Von dem Bleichen und Tiefen
Von dem Dunklen und Leuchtenden –
Von den Veilchen die schlafen –
dem Licht abgewandt: –
Von der Lilie die leuchtet
Beim frohen Ruf des Morgens –
Sammelt die Biene Honig
Und Süßes von allem. –

Niemand, der dieses und andere der Gedichte von Edward Lear liest, wird den Eindruck haben, dass es sich um Nonsense im üblichen Sinn handelt, also um etwas Unsinniges, auf das man leicht verzichten könnte. Der Unsinn seiner Gedichte trägt eine eigene Art von Sinn, der leicht, liebenswert, skurril und dabei treffend, aber auch melancholisch, verträumt und ernst ist. Darin unterscheiden sich die Nonsense-Gedichte nicht von anderen. Edward Lear scheint sich mit seinen Dichtungen und Zeichnungen in seinem leidvollen Leben immer wieder selbst eine Freude gemacht zu haben. Nonsense schafft mit seiner Leichtigkeit Abstand zu Bedrückendem und Schwerem. Es kann nicht der Sinn des Lebens sein, keinen Abstand zu dem gewinnen zu wollen, was kaum oder nur schwer oder gar nicht zu ertragen ist.

BUchstaben und Laute,
auf die es ankOmmt

Ihr erinnert euch, Wörter haben nicht einfach jedes für sich, sondern nur in Sätzen eine bestimmte Bedeutung. Philosophen haben aus diesem Umstand ein Prinzip, also etwas Allgemeingültiges gemacht, das Zusammenhangsprinzip. Sie nennen es *Kontextprinzip*, was so viel bedeutet wie: Wörter haben nur in einem Satzzusammenhang Bedeutung. Das leuchtet ein. Die Wörter im Satz »Humpty Dumpty saß auf einer Mauer« benötigen einander, um verständlich zu werden. Es sind unterschiedliche Arten von Wörtern: ein Eigenname (Humpty-Dumpty), ein Verb (saß), ein Substantiv oder Nomen (Mauer), ein unbestimmter Artikel (einer) und eine Präposition (auf). Es gibt sehr viele Arten von Wörtern, deren Bedeutung und Funktion von den Wissenschaftlerinnen und Wissenschaftlern der Linguistik und der Allgemeinen Sprachwissenschaft erklärt werden. Nicht alle diese vielen Wortarten haben einen eigenen Sinn. Um die kümmern wir uns hier nicht. Es geht uns nur um Substantive und Verben, obwohl es interessant wäre, das Zusammenhangsprinzip für alle Wortarten zu erklären.

Wir haben weiter oben ein Spiel daraus gemacht, das Zusammenhangsprinzip nicht weiter zu beachten und Sätze und Wörter in ihre Einzelteile zu zerlegen und zu versuchen, sie wieder zusammenzubauen. Das Beispiel von Humpty Dumpty hat gezeigt, dass es sehr schwer ist, Laute und Buchstaben wieder so zusammenzusetzen, dass aus ihnen verständliche Wörter und sinnvolle Sätze werden können. Zur Erinnerung: Humpty Dumpty (das Ei) hatte einen schweren Sturz, fiel von der Mauer und zerbrach in viele Stücke, und die Männer des Königs konnten es nicht mehr zusammenbauen. Das haben wir nachgemacht. Als wir bei den einzelnen Buchstaben ankamen und sie durcheinander würfelten, waren wir etwas ratlos, wie sie zusammengehören.

Daraus könnten wir schließen, dass es auf die einzelnen Buchstaben gar nicht ankommt. Das wäre aber falsch. Es kommt schon auf die Buchstaben an. Wie sehr es auf sie ankommt, können wir wieder in einem Spiel herausfinden. Wir sammeln Wörter, bei denen ein einziger Buchstabe entscheidet, was sie bedeuten können. Wir geben dem Zusammenhangsprinzip einen etwas anderen Sinn und wenden es auf Buchstaben an: Buchstaben ergeben nur im Zusammenhang ganzer Wörter einen Sinn. Es wäre komisch, wenn das Prinzip sagen würde, dass die Wörter selbst, also jedes für sich, gar keinen Sinn hätten. Viele Wörter, vor allem Substantive, Adjektive und Verben, haben schon einen Sinn, aber keinen bestimmten. Den bekommen sie erst in Sätzen. Schauen wir uns jetzt also einige Wörter und ihren Sinn an und überlegen, wie abhängig ihr Sinn von einzelnen Buchstaben ist.

Fangen wir mit unserem Buchstaben-Spiel an. Ich mache es vor und ihr versucht es dann selbst. Hier eine kleine Sammlung:

Reimen – keimen – leimen
Wind – Kind
Weben – Reben
Witze – Hitze – Ritze
Kürze – Würze
Mut – Wut – Hut – gut
Weiher – Reiher
weise – leise
Wild – Bild
loben – toben
Kuchen – Buchen
Laut – Haut – Maut – kaut

Es ist immer nur ein Buchstabe, der den Unterschied ausmacht. Ein einzelner Buchstabe ist offenbar so wichtig, dass er den Sinn eines Wortes ändert, und zwar völlig. Die Kürze hat mit der Würze, der Wind mit dem Kind, der Laut mit der Haut und die Buchen mit den Kuchen nichts zu tun. Nun gut, es gibt den Spruch: »in der Kürze liegt die Würze«. Er sagt, dass es besser ist, sich kurz und knapp und nicht langatmig auszudrücken, wenn man etwas sagen oder erklären will. Der Spruch will aber nicht behaupten, dass die Kürze eine Würze ist. Gut, um die Ecke gedacht können wir jemanden bei Tisch verstehen, der sagt »reich mir bitte mal die Kürze!«. Wenn Opa, der nicht mehr so gut hört, dabei ist, wird er ohnehin »Würze« verstehen, und er bemerkt den kleinen Schabernack gar nicht.

Vielleicht können Sprachwissenschaftlerinnen erklären, warum einzelne Buchstaben für den Sinn von Wörtern so wichtig sind. Es kann sein, dass es nicht so sehr die Buchstaben selbst sind, sondern die Laute, mit denen wir sie sagen, die den Unterschied ausmachen. Wir können uns nicht vorstellen, dass Buchstaben einen eigenen Sinn haben. Bei Lauten können wir das schon eher. Wenn uns plötzlich etwas weh tut, rufen wir »aua« oder »au«. Es kommt dabei weder auf das *a* noch auf das *u* an. Beim Lesen können wir Laute und Buchstaben trennen, beim Sprechen nicht. Im Italienischen verwandelt bei vielen Wörtern ein *s*-Laut – und der Buchstabe *s* am Anfang eines Wortes – dessen Sinn in sein Gegenteil. Aus Glück und Erfolg (»fortuna«) werden Pech und Unglück (»sfortuna«). Man muss genau hinhören.

Wir können unser Spiel von den ersten Buchstaben von Wörtern auf die mittleren verlegen: Esel – Ekel – Egel ist ein Beispiel für mittlere Buchstaben, die entscheidend für den Wortsinn sind. Sicher findet ihr noch andere Wörter, bei denen es auf die mittleren Buchstaben ankommt. Wir können dieses Buchstaben- und Laute-Spiel noch etwas abändern und uns ganz auf die Laute, also das Hören konzentrieren. Überlegen wir uns einfach, was passiert, wenn die Laute ähnlich klingen wie bei »Mieze« und »Mütze«. Richtig gesprochen ist das *ü* kürzer als das *ie*. Es kann aber auch sehr ähnlich klingen, je nachdem, welchen Dialekt wir sprechen oder gesprochen haben.

REIme untereinander

Unsere Dichter haben übrigens auch einen Dialekt gesprochen, und bei manchen merkt man das noch an den Reimen ihrer Gedichte. Ähnlich klingende Laute können gut beim Reimen benutzt werden. In der Ballade »Der Ring des Polykrates« von Friedrich Schiller reimen sich die Wörter »untertänig« und »König«.

Die erste Strophe dieses Gedichts lautet:

> Er stand auf seines Daches Zinnen
> Er schaute mit vergnügten Sinnen
> Auf das beherrschte Samos hin.
> »Dies alles ist mir untertänig«,
> Begann er zu Ägyptens König,
> »Gestehe, daß ich glücklich bin.«

Schiller war Schwabe, und Schwaben machen zwischen *ä* und *ö* und auch *e* manchmal keinen Unterschied. Die Buchstaben können sehr ähnlich klingen. Schiller hat andere große Balladen wie »Die Glocke« oder »Der Taucher« gedichtet, die wir früher in der Schule auswendig lernen mussten. Die ersten Zeilen des Tauchers:

»Wer wagt es, Rittersmann oder Knapp,
zu tauchen in diesen Schlund?«

Es gibt zahllose Parodien von Schillers Balladen, auch vom Taucher. Wahrscheinlich haben sich früher die Schüler mit den Parodien für das mühselige Auswendiglernen gerächt. Der Komödiant, Dichter und Musiker Heinz Erhardt (1909–1979) zum Beispiel hat die ersten Zeilen in Laut-Variationen umgedichtet. Aus »Rittersmann oder Knapp« machte er »Knittersmann oder Trapp« und aus »tauchen in diesen Schlund« entstand »schlunden in den Tauch« usw. Schon einige Zeitgenossen Schillers machten sich über seine Balladen lustig. Dabei erzählen diese wirklich packende und sehr ernste Geschichten, die einen Bezug zu den politischen und sozialen Problemen in Schillers Lebenszeit haben. Schiller kämpfte auf seine Weise für die Freiheit.

Wir sind jetzt ganz bei den Lauten angekommen, und zwar bei denen, die am Ende der Wörter stehen. Für sie haben wir ein eigenes Wort, den Reim. Bei Reimen stimmen die Endsilben lautlich und nicht den Buchstaben nach miteinander überein. Wir hörten es eben in Schillers »Der Ring des Polykrates«. Wörter, deren Endsilben übereinstimmen, gibt es in Hülle und Fülle. Wir müssen gar nicht selber danach suchen, sondern nur Gedichte lesen. Das Reimen macht sehr viel größere Freude als die Suche nach Wörtern, deren Sinn vom ersten Buchstaben abhängt. Wir sehen übrigens, dass sich einige Wörter mit unterschiedlichen ersten Buchstaben auch reimen: Reise – Weise, Laut – Haut, Kuchen – Buchen, loben – toben und eben in Schillers Gedicht Zinnen – Sinnen.

Selbst reimen macht viel Freude, wenn man Freunden zum Geburtstag, zur Hochzeit oder zu einem anderen Ereignis gratulieren will. Reime machen das Gratulieren vergnüglicher, leichter, beschwingter und freundlicher als einfache Prosa. Deswegen eignen sich Reime nicht für Beerdigungen, weil das, was am Grab gesagt wird, ernst und vielleicht humorvoll, aber nicht vergnüglich sein sollte.

Vorbildlich für heitere und vergnügliche Reime sind die von Wilhelm Busch (1832–1908). Er konnte übrigens, ähnlich wie Edward Lear, sehr gut zeichnen und malen. Viele heitere, aber auch nachdenkliche Gedichte mit Zeichnungen finden wir in dem Buch »Hernach«, das Wilhelm Buschs Neffe, der Pastor Nöldeke, nach dessen Tod (daher der Titel) herausgab (München 1908). Das erste Gedicht dieses schönen Buchs, ein Zweizeiler, heißt »Unwillkommener Besuch«:

Wird man im Mittagschlaf gestört,
Das ist verdrießlich, das empört.

Ebenfalls ein Zweizeiler ist das Gedicht »Osterhas«:

Es ist das Osterfest alljährlich
Doch für den Hasen recht beschwerlich.

Beide Gedichte ergeben erst dann ihren eigenen, ganzen Sinn,
wenn man die Zeichnungen dazu sehen kann.

So ist es auch bei allen anderen Gedichten in diesem Band. Es sind geschriebene *und* gezeichnete Reime. Ein besonders schönes Beispiel ist »Der fliegende Frosch (I–III)«:

Wenn einer, der mit Mühe kaum
Gekrochen ist auf einen Baum,

59

Schon meint, daß er ein Vogel wär,   So irrt sich der.

Dieses Gedicht verstehen wir auch ohne die Zeichnungen. Wirklich vollständig wird der Sinn der Verse aber erst mit den Zeichnungen. Wir sehen, dass das Zusammenhangsprinzip ein wirkliches Verstehensprinzip ist, das nicht nur eine sprachliche Bedeutung hat. Es geht nicht nur um ganze Sätze, sondern um das Zusammenspiel unserer Wahrnehmungen und um die Abhängigkeit des sprachlichen Verstehens von dem, was wir wahrnehmen. Um die Gedichte von Wilhelm Busch, die wir lasen und hörten, wirklich zu verstehen, mussten wir auch seine Zeichnungen sehen können. Lesen, Hören und Sehen haben sich ergänzt. Was das bedeutet, könnt ihr selbst prüfen. Wenn ihr die Gedichte nur lest oder nur hört, oder nur die Zeichnungen seht, könnt ihr den Sinn des Ganzen noch nicht erfassen. Die einzelnen Teile sind für sich genommen in gewisser Weise Unsinn. Wenn ihr aber alle Unsinn-Teile zusammenfügt, entsteht ein sinnvolles Ganzes. Das Zusammenhangsprinzip ist ein Prinzip, das aus Unsinn Sinn macht. Es ist auch ein Prinzip des Wahrnehmens, des Zusammenhangs der verschiedenen Sinne, die wir benötigen, um etwas zu verstehen. Natürlich ist es nicht immer so wie bei Wilhelm Buschs Gedichten und Zeichnungen.

Der Zusammenhang, um den es beim »Fliegenden Frosch« geht, ist sehr viel weiter, als es die Zeichnungen nahelegen. Denn jeder Mensch kann so ein Frosch sein, der sich mit Mühe auf erfolgreiche Höhen emporgearbeitet hat und dann meint, er könne wie ein Vogel fliegen – der sich also überschätzt. Wilhelm Busch verbinden wir vor allem mit »Max und Moritz« und anderen lustigen Geschichten. Dabei hat er sehr viel mehr als lustige Geschichten gereimt und gezeichnet. Er ließ sich von den Philosophen Kant und Schopenhauer zu eigenem Nachdenken über die Fragen des Lebens anregen. Über seine Art, diese Fragen zu behandeln, werden wir noch nachdenken.

Bleiben wir noch bei den Reimen. Eben ging es darum, wie vergnüglich und heiter Reime sein können. Nicht alle Reime sind so, wie wir schon bei Schillers Balladen sahen. Goethe, noch ein Dichter, der sehr gut zeichnen konnte, schrieb in seiner Tragödie »Faust« mehr als zwölftausend Verse und viele Reime. Sie erzählen keine vergnügliche oder heitere, sondern die tragische Geschichte Fausts, der mit dem Teufel einen Pakt geschlossen hat, um Macht und alles Wissen der Welt zu gewinnen. Er opfert dem Fortschritt alles, die Menschen, die in Frieden leben wollen, die Natur, einfach alles. Goethe erzählt, wenn wir so wollen, die Geschichte eines teuflischen Unsinns. Goethe hatte die Gabe, in die Zukunft zu schauen, die unsere Gegenwart geworden ist.

Wir können uns fragen, wie es möglich ist, mit Reimen so viel Verschiedenes zu machen: Vergnügliches, Heiteres, Bitteres, Ernstes, Tragisches, also alles, was das menschliche Leben bietet. Das haben Reime mit Musik gemein. Reime werden nicht nur mit übereinstimmenden Wortendungen gebildet. Es kommt darauf an, welche Zeilen sich am Ende reimen, die nächste, die übernächste oder eine Mischung. So entsteht die Strophenform. Die kleinste Einheit, mit der die Zeilen der Strophen gebildet werden, ist der Versfuß. Er besteht aus zwei oder drei Silben. Die nächstgrößere ist das Versmaß. Ein solches Maß haben wir bei Schillers Balladen kennen gelernt, den *Hexameter*, der geht »damm-dada-damm-dada-damm«. Die Ballade ist eine Gedichtform, die sich gut eignet, um Geschichten zu erzählen. Eine andere Form, die *Elegie*, eignet sich für Ernstes und Tragisches. *Hymnen* sind Loblieder. Dann gibt es *Sonette* und *Oden*, die ihre eigenen Formen haben und für viele verschiedene Arten von Inhalten gebraucht werden können. Ihr seht, wir können uns leicht verirren in der Welt der Dichtkunst. Der Rhythmus der Sprache kann so viel Freude machen wie Tanz und Musik. Ein anderer Name für die Dichtung ist Lyrik. Die Lyra ist ein Musikinstrument, eine kleine Harfe, die gezupft und geschlagen werden kann. Gedichte werden auch oft Gesänge genannt. Das passt zur Lyra. Die rhythmische Sprache ist eine Art Gesang. Die beiden Erzählungen »Ilias« und »Odyssee«

des frühesten Dichters des Abendlandes, Homer, wurden als Gesänge vorgetragen. Der Rhythmus ist der gemeinsame Nenner der Dichtkunst, der Gesänge, der Musik und des Tanzes. Rhythmen sind gleiche, immer wiederkehrende Formen der Bewegung. Die Bewegungen können schnell, getragen, langsam, fröhlich, traurig und vieles mehr sein. Es gibt so viele Bewegungen wie Stimmungen unserer Seele und unseres Gemüts. Ihr könnt, wenn ihr ein Instrument spielt, nachsehen, wie die Bewegungen der einzelnen Sätze eines Musikstückes, z. B. einer Sonate, heißen. Meistens werden die Bewegung und die Lautstärke der Sätze mit italienischen Adjektiven wie »piano« (leise), »moderato« (mäßig schnell), »forte« (laut) oder »allegro« (munter, fröhlich) bezeichnet. Mit solchen Formen der Bewegung können wir viele Stimmungen ausdrücken – von traurig über hoffnungsvoll bis freudig. Wir können damit Abstand von erdrückenden oder schmerzhaften Stimmungen gewinnen, sie erträglicher oder gute Stimmungen ganz bewusst noch schöner machen. Die Formen der Bewegung geben auch dem Leben eine Form.

UnSINN und Krankheit
(Robert Gernhardt und andere)

Können wir wirklich mit den Formen der Bewegung, also mit Reimen, Abstand zu schmerzlichen Erfahrungen und erdrückenden Stimmungen gewinnen? Ein Beispiel zeigt, dass dies möglich ist. Krankheiten, vor allem die unheilbaren, sind besonders schmerzhaft, für die Seele mehr noch als für den Körper. Sie können uns erdrücken, verzweifeln lassen und sprachlos machen. Was haben aber Krankheiten und Unsinn miteinander zu tun, werdet ihr euch und mich fragen.

Krankheiten haben keinen guten Sinn, weil sie oft, aber nicht immer, quälend sind und weh tun. Sie verletzen uns und unser Leben, ohne dass wir es sehen oder gleich bemerken. Wir können es oft nicht einmal fühlen. Manche Krankheiten sind heimtückisch. Sie schleichen sich an und breiten sich in uns aus, und wenn wir irgendwann Schmerzen haben, kann es zu spät sein. Deswegen können sie auch unser Denken und unser Bewusstsein verletzen. Wir sind dann verwirrt und wissen vielleicht nicht mehr aus noch ein, hoffen aber darauf, dass uns Ärztinnen und Ärzte helfen können.

Eben habe ich ein Beispiel angekündigt, wie Reime Abstand zur schmerzhaften Erfahrung einer Krankheit schaffen können. Der Dichter Robert Gernhardt (1937–2006) hat in seinen »K-Gedichten« von seiner Krebsdiagnose berichtet. Er gibt uns ein Beispiel dafür, wie Reime trösten und dem Schmerz eine Form geben können. Das *K* der K-Gedichte steht für die ersten Buchstaben von Krankheit, Krieg und Kunst. Es geht uns hier nur um das erste *K*. Hier das erste seiner Krankheits-Gedichte, »Diagnose Krebs oder Alles wird gut«:

Erst kam der berühmte
Schuß vor den Bug.
Zuvor war ich dumm,
hernach war ich klug.

Dann folgte der klassische
Schlag ins Kontor.
Darauf war ich klüger
als jemals zuvor.

Undenkbar, daß solch einem
blitzklugen Mann
noch irgendein Tod
etwas anhaben kann.

Robert Gernhardt starb mit 68 Jahren am 30. Juni 2006 in Frankfurt an Krebs. Die letzten Zeilen seines K-Gedichts mit dem Titel »Zum guten Schluss ein wirklich guter Rat« lauten:

So ein Krebs ist zwar ein Lotto,
das, dem Zufall unterstellt,
den verschont und den befällt,
doch ein Schicksal ist er nicht.

Flackert auch das Lebenslicht,
kann doch der, der's früh erkennt,
helfen, daß es weiterbrennt.
Helfen. Das meint nicht: Erzwingen.
Doch beim Darmkrebs kann gelingen,
wonach alles Leben strebt,
nämlich: Daß es weiterlebt.

Die gedichteten Reime geben dem Leben und Denken und Fühlen auch unter der unerträglich schweren Last der Krebsdiagnose eine Form. Mit den Reimen schaut der Dichter das Leiden an, betrachtet es nachdenklich und schafft Abstand zum Schmerz, den die Krankheit verursacht. Diese Reime verniedlichen nichts und machen die Krankheit nicht harmloser oder den Schmerz schöner. Im Gegenteil, sie sind ernst und schonungslos offen. Robert Gernhardt gab sich keinen falschen Hoffnungen hin, hat sich aber dennoch nicht von seinem Krebs überwältigen oder erdrücken lassen. Er konnte sich mit seiner Sprache, mit seiner Gabe als Dichter gegen den Krebs wehren. Das unausweichliche Ende seines Lebens vor Augen, hat er sich auch mit religiösen Gedanken auseinandergesetzt. Ein Beispiel dafür ist das Gedicht »Geh aus mein Herz oder Robert Gernhardt liest Paul Gerhardt während der Krebstherapie« aus der Gedichtsammlung »Später Spagat«. Der Theologe Paul Gerhardt lebte im 17. Jahrhundert (1607–1676) und ist bekannt aufgrund der vielen Kirchenlieder, die er dichtete und die unter anderem in der evangelisch-lutherischen Kirche auch heute noch oft gesungen werden. Besonders bekannt ist sein Loblied »Geh aus, mein Herz, und suche

Freud«, das er nach dem Dreißigjährigen Krieg gedichtet hatte. Daraus machte Gernhardt Folgendes:

> Geh aus mein Herz und suche Leid
> in dieser lieben Sommerszeit
> an deines Gottes Gaben.
> Schau an der schönen Gifte Zier
> und siehe, wie sie hier und mir
> sich aufgereihet habe.

Und die letzte Strophe:

> Ich selber möchte nichts als ruhn.
> Des großen Gottes großes Tun
> ist für mich schlicht Getue.
> Ich schweige still, wo alles singt
> und lasse ihn, da Zorn nichts bringt,
> nun meinerseits in Ruhe.

Robert Gernhardt konnte mit seiner Gabe als Dichter Ruhe einkehren lassen in seiner Seele. Das Lebensende hat ihn nicht geschreckt. Aus dem Unsinn seiner Krebskrankheit konnte er mit Reimen für sich selbst einen Sinn gewinnen. Er hat damit äußerlich nichts verändert, hat sich nicht von seiner Krankheit heilen, aber doch trösten können.

Die meisten von uns haben nicht die Gabe von Robert Gernhardt und können nicht dichten. Eine Krankheit wie Krebs kann uns sprachlos machen. Die Sprachlosigkeit ist ein Zeichen der Hilflosigkeit. Wenn uns eine Krankheit sprachlos gemacht hat, können wir die Gedichte von Robert Gernhardt lesen und finden dann vielleicht den Trost, den er selbst durch und in seinen Gedichten fand.

Viele weitere Künstlerinnen und Künstler, die krank waren, haben aus ihren Krankheiten seelische Energie für ihre Werke gewonnen. Sie wollten mit ihrer Kunst das Leiden überwinden. Daraus entstanden Legenden und der fragwürdige Gedanke, dass sich das künstlerische Genie erst durch eine Krankheit richtig entfalten kann. Thomas Mann (1875–1955) hat diesen Gedanken in einem großen Roman (»Doktor Faustus«) verarbeitet, ohne ihn selbst zu teilen. Vielmehr hat er den Gedanken unernst, aus ironischer Entfernung geschildert. Der Komponist Leverkühn infiziert sich im Roman absichtlich mit einer tödlichen Krankheit, um genial komponieren zu können. Ähnlich wie in Goethes Tragödie »Faust« tritt auch der Teufel auf. Das Gespräch zwischen ihm und dem Komponisten ist tiefsinnig. Im Roman nennt sich der Teufel selbst »Engel des Gifts« und macht für sich Reklame. Er sagt: »Aufschwünge liefern wir und Erleuchtungen ... Macht- und Triumphgefühl«. Der Ehrgeiz des Künstlers Leverkühn, genau diese Gefühle spüren zu können, öffnet dem Teufel die Tür. Wir lernen, wie das Böse von uns Menschen Besitz ergreifen kann. Die Türe zum Bösen öffnet unser übergroßer Ehrgeiz und unsere unstillbare Geltungssucht.

Ganz anders ist es, wenn Maler wie Vincent van Gogh (1853–1890) oder Ludwig Kirchner (1880–1938) in ihren Werken Spuren ihrer Krankheit hinterlassen. Es ist zweifelhaft, ob sie das wollten. Sie wollten nicht krank sein und haben sicher auch nicht geglaubt, dass ihr Werk durch ihre Krankheit künstlerisch etwas gewinnt. Beide Maler brachten sich um. Van Gogh litt unter einer psychischen Erkrankung. Der Zusammenhang zwischen solchen Erkrankungen und dem künstlerischen Schaffen wurde, wiederum auf fragwürdige Weise, zum Zusammenhang zwischen Genie und Wahnsinn verallgemeinert und überhöht. Solche Verallgemeinerungen werden der Person und dem Leben keines Künstlers gerecht und sind eine eigene Art von Unsinn, wie alle Verallgemeinerungen, die das Wesen von etwas treffen sollen, es aber verfehlen. Wir werden dieses Thema später noch einmal aufgreifen, um zu verstehen, dass das Wesen einer Person oder einer Sache nichts Allgemeines ist und nicht verallgemeinert werden kann. Dies einzusehen ist wichtig, weil wir sonst den einzelnen Menschen, die sich von vielen oder sogar von den meisten anderen unterscheiden, Unrecht tun. Es sollte immer um den einzelnen Menschen gehen. Ihn sollten wir respektieren.

UnSINN, Widersprüche und die grOßen Zusammenhänge

(Wilhelm Busch und Ludwig Wittgenstein)

Kehren wir zum philosophierenden Dichter, Maler und Zeichner Wilhelm Busch zurück. Seine philosophischen Gedanken sind weniger bekannt als seine Lausbubengeschichten »Max und Moritz«. Er war ein ernster, nachdenklicher, kein wirklich glücklicher Mensch. Die Biographien von Michaela Diers, Eva Weissweiler und Berndt Wessling beschreiben einen Menschen, der mit Bitterkeit und Enttäuschungen kämpfte. Wir werden darauf zurückkommen.

Die philosophische Nachdenklichkeit von Wilhelm Busch interessiert uns ganz besonders. Sie hat schon Ludwig Wittgenstein beeindruckt. Dieser schrieb in einem Brief an seinen Schüler Rush Rhees, Wilhelm Busch habe den wirklich philosophischen Elan (»the real philosophical urge«). Das Wort »urge« kann man auch mit »Antrieb« oder »Drang« übersetzen. Wittgenstein bezog sich mit seinem Urteil auf die Briefe, die Wilhelm Busch seiner holländischen Bekannten Maria Anderson schrieb, und auf das Buch »Hernach«. In einer Notiz aus dem Jahr 1948 schrieb Wittgenstein, es sei merkwürdig, »daß man die Zeichnungen von Busch oft ›metaphysisch‹ nennen kann«. Metaphysisch bedeutet in diesem Zusammenhang so viel wie das, was über unsere Wahrnehmungen hinaus geht. Er fährt fort: »So gibt es also eine Zeichenweise, die metaphysisch ist. – Gesehen, mit dem Ewigen als Hintergrund könnte man sagen. Aber doch bedeuten diese Striche das nur in einer ganzen Sprache. Und es gibt eine Sprache ohne Grammatik, man könnte ihre Regeln nicht angeben.«

Wittgenstein erweitert damit unser Zusammenhangsprinzip ohne Mühe auf den größtmöglichen Zusammenhang, den wir benötigen, um etwas verstehen zu können. Es ist der Zusammenhang einer ganzen Sprache und einer ganzen Kultur und Lebensweise. Mit wenigen Schritten sind wir von den einzelnen Buchstaben und Lauten dank Wilhelm Busch und Ludwig Wittgenstein beim Ganzen unserer Lebensweise und unserer Lebenswelt angekommen. Diese hurtig weit ausgreifenden Schritte dürfen wir unter der Überschrift »Unsinn« ganz ungeniert machen. Unter allem, was Unsinn sein kann, gibt es nicht nur Gereimtes, sondern auch Widersprüche und Ungereimtes. Der französische Dichter Michel Houellebecq (* 1956) hat in einem Interview gesagt, in der Poesie gebe es keine Widersprüche. Diesen Gedanken borge ich mit dem Hintergedanken, dass der Unsinn poetisch sein kann, und dass es im Unsinn und in der Poesie keine Widersprüche gibt.

Ihr werdet sagen, dass das nun doch etwas weit hergeholt ist, gut, das muss ich zugeben. Dann ist es aber doch nicht so weit hergeholt. Denn immer dann, wenn jemand im Unsinn einen Widerspruch entdeckt und sagt: »Halt, das ist doch Unsinn!«, können wir zustimmen und sagen »Ja, genau, so ist es!«. Schöne Beispiele dafür kennen wir von Karl Valentin (1882–1948), dem bayerischen Dichter und Denker. In seiner Geschichte vom »Weltuntergang« zitterte die Luft »wie Schweinssulz« und

»panikartig zerplatzte ein alter Leberkäs«. Ihr werdet sagen, das sei doch wirklich Unsinn, weil das allem widerspreche, was wir über Luft und Leberkäs wissen. Karl Valentin spielte mit Widersprüchen und erfand wahrhaft herzerfrischenden Unsinn. Immer wieder finden wir in seinen Dichtungen Einsichten, die vom Widersprüchlichen leben. Sie gehen von einem Widerspruch aus und heben ihn dann so auf, dass wir darüber lachen können. Ein Beispiel dafür ist seine Geschichte »Die Fremden«. Es geht darum, wer die Fremden sind. Das ist

eigentlich ganz klar. Fremde sind Menschen, die wir nicht kennen. Karl Valentin spielt dann mit dieser Selbstverständlichkeit. Er verdoppelt sie einfach. Der Fremde sei nur in der Fremde ein Fremder, aber nur so lange, bis er alle kennt. Der Höhepunkt des Unsinns ist dann sein Gedanke, dass dann, wenn Fremde über eine Brücke fahren, Fremde unter Fremden sind. Er nimmt einfach wörtlich, was *unter* heißt. Das widerspricht unserem gewöhnlichen Verständnis des Wortes, wenn wir es für eine Ansammlung von Menschen verwenden. Wir sehen aber ein, dass *unter* eben auch eine räumliche Bedeutung hat, mit der Karl Valentin spielte.

Gerade der herzerfrischende Unsinn lebt von Widersprüchen. Es sind harmlose Widersprüche, die niemandem wehtun und niemandem schaden. Nicht alle Widersprüche sind aber harmlos. Es gibt gemeine, böse, menschenverachtende und widerwärtige Widersprüche. Bevor ich mehr über sie sage, will ich euch erklären, was *Widerspruch* bedeuten kann. Es kann bedeuten, dass etwas falsch ist, z. B. die Behauptung, dass ein und derselbe Satz wahr und nicht wahr ist, oder dass es etwas gibt und gleichzeitig nicht gibt. Deswegen sagt der große Philosoph Aristoteles, es sei falsch zu sagen, das, was nicht ist, sei, und das, was ist, nicht sei. Das klingt etwas unverständlich. Was er sagen will, ist: Nur das, was ist, existiert und das, was nicht ist, existiert nicht. Gut, das verstehen wir. Wir sollen vermeiden so zu reden, als ob es Widersprüche dieser Art geben würde. Fremde sind eben Fremde, und die Menschen, die nicht fremd sind, sind nicht fremd. Das Gegenteil zu behaupten, wäre falsch. Das ist einfach.

Wir reden aber oft so, als würde es Widersprüche geben – etwa, wenn wir zum Fenster hinausschauen und sagen: »Es regnet und es regnet nicht.« Damit wollen wir sagen, dass das Wetter nicht weiß, was es will und wir überlegen müssen, ob wir einen Regenschirm zum Spaziergang mitnehmen oder nicht. Ein anderes Beispiel ist, dass wir nicht immer wissen, ob es etwas gibt oder nicht gibt, z. B. Lösungen für Probleme. Solange es keine Lösung gibt, können wir nicht sagen, es gebe eine Lösung. Wir können aber sagen, dass es hoffentlich eine Lösung geben wird.

Und was ist mit Wundern? Viele werden behaupten, dass es aus wissenschaftlichen Gründen keine Wunder geben könne. Was wissenschaftliche Gründe sind, müssen wir uns genauer anschauen. Was aus wissenschaftlichen Gründen existiert, sind Dinge und Ereignisse, die bestimmten Gesetzmäßigkeiten entsprechen. Das bedeutet, sie kommen immer wieder auf die gleiche Weise vor. Jedes Mal, wenn eine Tasse oder ein Glas zu Boden fällt, geht das Behältnis kaputt. Die Erdanziehung sorgt auf gesetzmäßige Weise dafür, dass die Dinge zu Boden fallen und dann eben kaputt gehen, wenn sie nicht aus Gummi oder Plastik sind. Wie schnell das geht, können wir sogar aus-

rechnen, seit uns das der Naturforscher Isaac Newton (1643–1727) erklärt hat.

Wenn aber Wunder Ereignisse sind, die es nur einmal gibt, wie Ludwig Wittgenstein meinte, dann sind sie zumindest aus wissenschaftlichen Gründen nicht ausgeschlossen, weil es in den Wissenschaften einmalige Ereignisse nicht gibt. Für Einmaliges gibt es keine Gesetze, weil Gesetze die Möglichkeit voraussetzen, dass sich etwas wiederholen kann. Außerdem kann keine Wissenschaft beweisen, dass es etwas nicht geben kann, weil es für das, was es nicht gibt, auch keine Gesetzmäßigkeit geben kann. Ein Naturgesetz kann nur ausschließen, dass es Ereignisse gibt, die dem Gesetz widersprechen. Wenn die Lichtgeschwindigkeit die größtmögliche Geschwindigkeit ist, dann kann es nichts geben, was schneller ist als Licht. Über-Lichtgeschwindigkeit kann es nicht geben, nicht einmal als Wunder. Wenn wir aber behaupten würden, dass es etwas nicht gibt, nur weil wir es nicht wissen, wäre dies falsch. Wir wissen z. B. nicht, was genau die Gravitation (die Erdanziehung) ist, aber trotzdem gibt es sie, wie die kaputten Gläser zeigen. Es könnte also auch Wunder geben.

Eben sprach ich über eine bestimmte Art von Widersprüchen – die gemeinen, bösen, menschenverachtenden und widerwärtigen. Sie können auch durch falsche, unwahre Behauptungen zustande kommen, aber das ist nur ein Aspekt. Sie kommen vor allem dadurch zustande, dass sie bestimmten Ansprüchen widersprechen, die gelten. Um welche Ansprüche geht es? Vor allem um die Ansprüche der Menschenwürde und der Menschenrechte. Das sind Ansprüche, die überall auf unserer Welt, in allen Gesellschaften gelten. Sie stehen in unserer Verfassung, in unserem Grundgesetz. Die Menschenwürde steht gleich im ersten Satz dieses Gesetzes. Diese Ansprüche fordern, dass niemand verletzt, gequält, verleumdet, beleidigt, getötet, betrogen, versklavt, missbraucht oder unglücklich und krank gemacht werden darf. Bei diesen Widersprüchen geht es um etwas, was in einem anderen Sinn falsch sein kann, als es Sätze und Behauptungen sein können. Es geht um Handlungen. Wir handeln aber nicht nur mit unseren Händen, sondern auch mit der Sprache und mit dem, was wir sagen. Wenn einer von euch zu einem Klassenkameraden »Du Depp« sagt, beleidigt er ihn. Das ist eine Handlung, die schlecht ist, weil sie den anderen herabsetzt, ihn verletzt.

Das hat zunächst nichts mit Unsinn zu tun. Der schlimme und gemeine Unsinn beginnt, wenn mit Reimen, Gedichten und Karikaturen die Ansprüche der Menschenwürde und der Menschenrechte verletzt werden. Dieser Unsinn widerspricht dem Respekt vor anderen Menschen, anderen Kulturen und anderen Religionen, allgemein vor der Würde und den Rechten der Menschen. Der schlimme Unsinn kann auch dem Respekt vor dem Leben der Tiere widersprechen. Ihr erinnert euch, Menschen mit Behinderungen nachzuäffen ist schlechter Unsinn, Tiere zu quälen auch.

Karikaturen und satirische Reime können böse sein, wenn sie keinen Respekt vor Menschen mit Behinderungen, vor Menschen mit anderen Religionen, vor deren Propheten oder Göttern und vor anderen Lebensweisen haben. Der Unsinn dieser Reime ist menschenverachtend und böse, und er wird auch nicht gut, weil die Meinungsfreiheit ihn erlaubt. Solchen Unsinn finden wir leider auch bei Wilhelm Busch, wenn er die Vorurteile gegen Juden, die im 19. Jahrhundert weit verbreitet waren, in gereimter Form wiederholt. Es sind wenige Stellen, aber eine reicht schon. Der Dichter Robert Gernhardt hat ihn in Schutz genommen, der Biograph Berndt Wessling auch. Wilhelm Busch sei kein Antisemit gewesen, sondern habe nur die Vorurteile seiner Zeit dargestellt, ohne sie zu teilen, meinen diese beiden. Michaela Diers schreibt dagegen, auch wenn Wilhelm Busch nur sporadisch antisemitische Verse schrieb und Äußerungen tat, sei das »Bißchen« schon »das entscheidende Bißchen zuviel«.

Ihr solltet wissen, was mit Antisemitismus gemeint ist. *Semitisch* nennt man die Sprachengruppe des Hebräischen und Arabischen. Der Antisemitismus richtet sich aber nur gegen Juden. Antisemiten sind Menschen, die Vorurteile gegen Juden haben, sie vielleicht sogar hassen. Sie äußern ihre Vorurteile auch öffentlich, so als hätten sie ein Recht, Juden zu beleidigen, herabzusetzen und zu verletzen. Der Antisemitismus ist eine der übelsten Arten von Vorurteilen gegen Menschen. Im 19. Jahrhundert wurde der Antisemitismus rassistisch. Juden wurden als Angehörige einer Rasse hassenswerte Eigenschaften wie Geldgier und Verschlagenheit zugeschrieben. Sie wurden zu Sündenböcken für alles Mögliche gemacht. Das war schon so im Mittelalter. Heute wissen wir, dass es unter uns Menschen gar keine Rassen gibt, sondern Völker mit unterschiedlichen Sprachen und Kulturen. In der Zeit des Nationalsozialismus in Deutschland hat der Antisemitismus schließlich zum Massenmord an den europäischen Juden geführt. Aus Hass und Verachtung wurden unvorstellbar grausame Taten begangen. Sicher werdet ihr in der Schule mehr über diesen

Teil der deutschen Geschichte und über Antisemitismus und Fremdenhass erfahren (haben). Von den Verbrechen der Nationalsozialisten konnte Wilhelm Busch nichts wissen. Wir sollten deren Antisemitismus deswegen nicht ihm anlasten. Wir sehen aber, was aus den Vorurteilen, die im 19. Jahrhundert dem Antisemitismus zugrunde lagen, später geworden ist. Schon die Anfänge waren nicht harmlos. Deswegen sollten wir aufmerksam sein: Es kann wieder zu Verbrechen kommen, wenn wir es nicht verhindern.

Es ist also möglich, mit Unsinn den Ansprüchen von Menschenwürde und Menschenrechten zu widersprechen. Dieser Unsinn ist böse, weil er sich gegen Menschen richtet, die aus religiösen und kulturellen Gründen anders leben wollen, sich anders anziehen und andere Speisen essen. Böser Unsinn kann auch Menschen mit Behinderungen treffen und sie verächtlich machen. Sie in Reimen auszulachen ist besonders schlimm, weil die Verachtung durch das Lachen verstärkt und verharmlost wird. Der Gedanke von Houellebecq, dass es in der Poesie keine Widersprüche gibt, ist zwar schön, gilt aber nicht für jeden Unsinn. Wir müssen aufpassen, worüber wir lachen.

Böser Unsinn ist nicht einfach da, sondern entsteht durch das, was einzelne Menschen sagen, schreiben, zeichnen, reimen und tun. In solchen Fällen können wir genau sagen, der und der hat diesen Unsinn gereimt oder diese böse, verletzende Karikatur gezeichnet. Es gibt aber auch Widersprüche gegen Menschenwürde und Menschenrechte, die von einzelnen Menschen gar nicht gemacht werden können, weil sie viel zu groß sind. Das sind menschliche Katastrophen wie Hunger, Armut, Gewalt und Unrecht. Sie ähneln in ihrer Wirkung Naturkatastrophen, weil sich die Menschen, die davon betroffen sind, ohne Hilfe nicht gegen sie wehren können.

Ihr werdet nun fragen, was denn solche Katastrophen mit Unsinn zu tun haben. Ihr habt schon am Beispiel von Robert Gernhardt gesehen, dass die Dichtkunst ein Mittel sein kann, sich gegen den Unsinn von Krankheiten zu wehren. Wie ist es aber mit Hunger, Armut und Gewalt? Ist der Unsinn dagegen nicht ein verzweifeltes, eigentlich hilfloses und wirkungsloses Mittel? Einzelne Menschen sind machtlos gegen diese gewaltigen, lebensbedrohenden Katastrophen, denen sie ausgeliefert sind. Robert Gernhardt konnte sich mit seinen »K-Gedichten« gegen seine unheilbare Krebserkrankung wehren. Daniil Charms (1905–1942), ein russischer Dichter, wehrte sich mit Unsinn gegen Hunger, Armut, Unrecht und Gewalt. Am Ende dieses kleinen Buches wird es um diesen Mann gehen. Charms lebte sein kurzes Leben in St. Petersburg. Was er schrieb und tat, scheint aus heutiger Sicht völlig hilflos und wirkungslos gewesen zu sein. Es war für ihn aber nicht trostlos.

SINN im UnSINN
(weiter Wilhelm Busch)

Wilhelm Buschs Reime sind von anderer Art als die Goethes oder Gernhardts, und der Unsinn, den Busch reimte, ist oft, aber nicht immer, auf vergnügliche Weise erbaulich. Er erzählt keine teuflischen, faustischen, auch keine verzweifelten, von Krankheit gezeichneten Geschichten. Seine Kritik an religiöser Heuchelei, die sich vor allem gegen die katholische Kirche richtete, hatte ein zwiespältiges Echo. Busch kleidete seine Kritik in Verse und machte sie damit besonders beißend. Um diese Seite seines Schaffens geht es uns hier nicht. Wir wollen vor allem den philosophischen Elan erkennen, den Wittgenstein Wilhelm Busch attestierte. Tatsächlich las Wilhelm Busch nicht nur Arthur Schopenhauer (1788–1860), er war auch lange von dessen Pessimismus und seinem Grundgedanken überzeugt, dass der Wille und nicht die Vernunft die entscheidende Lebenskraft ist. Das wichtigste Werk Schopenhauers trägt den Titel »Die Welt als Wille und Vorstellung«. In einem Brief an die Schriftstellerin Maria Anderson (11. Juni 1875) schrieb Wilhelm Busch ganz im Geiste Schopenhauers über das Verhältnis zwischen Vernunft (Intellekt) und Wille: »Der Intellekt ist ein Organ. Er bringt die Motive in Wechselwirkung; er schließt; aber der Wille beschließt.« Und weiter: »Der Wille ist Kraft; der Intellekt ist Form.« Wilhelm Busch ging aber mit Schopenhauers

Grundgedanken auf eigene Weise um. Wenig später schrieb er (18. Juni 1875): »Ein hoher Grad von Wille und Intellekt, vereinigt, giebt [!] Genie.« Sich selbst meinte er wohl nicht, weil er voller Selbstzweifel und Unsicherheit war.

Erstaunlich sind Wilhelm Buschs Gedanken zu Wiedergeburt und Seelenwanderung. »Jede Geburt ist Wiedergeburt«, schrieb er (30. Juni 1875). Kurz darauf schränkte er jedoch ein: »Glaub ich an die alte, gute, ehrliche, biedermännische Lehre von der Seelenwanderung? So ganz doch nicht! Aber ich fühle, daß Wahrheit dahinter steckt, wie hinter anderen Religionen und Mythologieen [!]. Ich sehe die ›Wahrheit im Gewand der Dichtung‹.« Er wollte, wie er gleich danach klarstellte, Dichtung nicht als Wahrheit verstanden wissen.

Der ewige Junggeselle Wilhelm Busch lebte in den Jahren seines Studiums der Malerei in München, Düsseldorf und Antwerpen. In München hatte er lange ein Atelier. Er war dort mit den Malern Wilhelm von Kaulbach (1805–1874) und vor allem mit Franz von Lenbach (1836–1904) befreundet. In Frankfurt wohnte er ebenfalls eine Zeitlang. Am längsten lebte er in verschiedenen Pfarrhäusern in Niedersachsen bei Verwandten. In dem Ort Ebergötzen wurde er von seinem Onkel, dem Pfarrer Kleine, dem Bruder seiner Mutter, erzogen. Später lebte er in seinem Heimatort Wiedensahl und in Lüthorst bei seiner Schwester Fanny und deren Ehemann, Pfarrer Nöldeke; nach dessen Tod bei deren Sohn, der ebenfalls Pfarrer war. Heute ist das ehemalige Pfarrhaus in Wiedensahl ein Wilhelm-Busch-Museum. Wilhelm Busch war Protestant, ein zweifelnder. In gewisser Weise war er aber doch gläubig. In einem Brief an Maria Anderson (20. November 1875) zitierte er die Weisheit: »›Der

Mensch bringt alle Dinge zu Gott.‹ Es liegt eine ethische Wahrheit dahinter, glaube ich.« Es wäre interessant zu wissen, wie er das meinte. Vielleicht glaubte er, dass etwas wie das Töten von Tieren – darum ging es in dem Brief – vor Gott und damit gegenüber dem Absoluten zu rechtfertigen ist. Es blieb bei der Andeutung. Die Biographien berichten, dass er in reiferen Jahren viel in der Bibel und viele Schriften des Augustinus las. Er war kein Feind der christlichen Religion, sondern ein Gegner der religiösen Heuchelei und des Aberglaubens.

Wilhelm Busch hat nicht nur gereimt und gezeichnet, sondern auch kleine Bücher geschrieben. Ein Feuerwerk der philosophischen Phantasie ist das Büchlein »Eduards Traum« aus dem Jahre 1891. Es eignet sich gut zum Vorlesen. Ein anderes kleines Buch ist »Der Schmetterling« aus dem Jahre 1895, ebenfalls eine Art Traumgeschichte. Es handelt von einem Jungen, Peter, der Schmetterlingen nachjagt, sich dabei immer weiter von zu Hause entfernt, nicht mehr zurückfindet, viele unglaubliche, auch schreckliche Dinge erlebt, von einer Hexe in einen Hund verwandelt und dann wieder zurückverwandelt wird, aber mit einem amputierten Fuß ins alte Elternhaus zurückkehrt. Der Vater lebt nicht mehr und niemand erkennt ihn. Dort verbringt er als »geduldetes, nutzbares Haustier« den Rest seines Lebens. Diese Geschichte hat mich traurig gemacht, deswegen erzähle ich nicht weiter von ihr.

Um euch neugierig auf »Eduards Traum« zu machen, verrate ich ein wenig von der Geschichte: Eduard geht spät ins Bett und beginnt alsbald zu träumen. Im Traum verwandelt er sich in einen klitzekleinen, denkenden Punkt, in ein rein mathematisches Etwas von der Größe einer Monade, wie der Philosoph

Gottfried Wilhelm Leibniz (1646–1716) sie einst erdachte. (*Monaden* sind die kleinsten geistigen Wesen, die alles Denken und Wissen unabhängig voneinander enthalten.) Neben Eduard schläft seine Gattin Elise. Diese wacht immer wieder von seinem Schnarchen auf und mahnt ihn dann: »Eduard, schnarche nicht so!« Das hindert ihn aber nicht, weiter zu träumen. Als mathematisch kleinstes Pünktchen durchdringt er alles und schwebt schwerelos durch die Welt, denkt zwischendurch, weiter schnarchend, über den »Urrsprrung der Sprrraaache« nach, besucht verschiedene Häuser und Wohnungen, unterhält sich mit Tieren und Menschen und sammelt viele Weisheiten und Einsichten. Er besucht den »Tempel der Wissenschaft«, in dem er Forscher vor Mikroskopen findet. Es kommt ihm da-

bei ein Kritiker in den Sinn, den er über die Wissenschaftler sagen lässt: »Da drinnen hocken sie. Zahlen im Kopf, Bazillen im Herzen. Alles pulverisieren sie: Gott, Geist und Goethe.« Eduard fliegt auch in ein Museum, in eine »Verpflegungsanstalt für bejahrte Gemälde«. Sehr komisch ist sein Besuch bei einem »weltberühmten Naturphilosophen«. Der führt ihn, bekleidet mit rotem Samtkäppchen samt grüner Hahnenfeder, Schlafrock, hirschlederner Hose und spitzen Pantoffeln, zu seiner Sammlung von Büchern, ausgestopften Vögeln und Automaten – darunter drei Papageien, die alles wiederholen, was der Meister sagt, und ein Fischreiher-Automat, der ständig einen Aal verschluckt und ihn dann wieder ausspuckt. Schließlich kommt der Philosoph zum Wichtigsten, zum »Kreislauf der Dinge«, einer Art Mühle. Dieses Gerät stellt er als »Ding an sich« vor, das vor ihm niemand erkannt hat, wie er Eduard erklärt. (Ihr müsst wissen, dass Kant glaubte, dass wir Menschen die Dinge so, wie sie an sich sind, nicht erkennen können, sondern nur so, wie sie uns erscheinen, wie wir sie wahrnehmen. Wilhelm Busch hatte Kants »Kritik der reinen Vernunft« gelesen.) Eduard ist natürlich beeindruckt, dass der berühmte Naturphilosoph mehr weiß als Kant. Zurück zur Ding-an-sich-Mühle. An der Mühle ist ein Knopf, der, je nachdem, wie oft er gedrückt wird, die Grundlagen von allem produziert, was es gibt. Die Mühle produziert also alles so, wie es an sich ist. Bei einmaligem Knopfdruck entsteht ein wohliges Gefühl, bei zweimaligem ein wunderbarer Geschmack auf der Zunge, der dreimalige aktiviert den Geruchsinn, bei viermaligem erklingt ein Parademarsch und bei fünfmaligem gibt es ein Feuerwerk. Alles Weitere, »was zwischen uns und den Dingen an sich passiert«, erklärt der Philosoph als Bewegung, die mal schneller, mal langsamer ist. Gedanken, Lust und Leid des Herzens, Empfindsamkeit, Schmerz, Glück, Freude, einfach alles entsteht durch die Mühle. Zuletzt zeigt der Philosoph Eduard ein kleines Geschöpf in einem Glas voller Spiritus, es ist ein Lanzettierchen, »der Mensch von vor tausend Millionen Jahren«. Schön sei es nicht, meint Eduard, worauf der Forscher ruft: »Aber schlau!«

Eduard stellt dann die wichtige Frage, wie es mit der Ethik stehe, also mit der Lehre vom moralisch guten Handeln. Darauf nimmt der Philosoph eine Flöte aus der Schublade und trillert ihm etwas vor. Eduard ist von dieser Art Antwort nicht überzeugt, worauf der Philosoph weiter flötet und zwischendurch reimt:»Wer nicht auf gute Gründe hört / Dem werde einfach zugekehrt / Die Seite, welche wir benützen / Um drauf zu liegen und zu sitzen.«

In diesen Traumphasen Eduards steckt eine Menge Weisheit. Schon die Forscher kommen nicht gut weg, doch ganz schlecht weg kommt der Philosoph, der meint, er sei besonders klug, am Ende aber nur viele Töne flötet, ohne Eduards wichtige Frage beantworten zu können. Statt zu antworten, dreht der Philosoph Eduard einfach in Gedichtform den Hintern zu. Wilhelm Busch war offenbar nicht überzeugt von dem, was die Philosophen zum moralisch guten Handeln zu sagen hatten, sonst hätte er Eduard anders träumen lassen.

Zurück zu Eduards Traum. Nach einer weiteren Mahnung von Elise:»Eduard, schnarche nicht so!«, träumt er von den»vier ›guten Vorsätzen‹«. Die vier guten Vorsätze heißen»Willich«,»Wolltich«,»Wennaber« und»Wohlgemut«. Mit diesen vieren wandert Eduard einen Berg hinauf. Die Sonne scheint. Es wird immer wärmer und der Aufstieg immer mühseliger. Willich bleibt zuerst zurück, dann Wolltich. Es geht einen sandigen Hang entlang. Wohlgemut hört unten im Tal schöne Musik und sieht hübsche Mädchen, gibt auf und rutscht einfach nach unten. Willich und Wolltich folgen ihm. Nur Wennaber bleibt mit seinen Zweifeln an dem, was sie vorhaben, zuerst allein zurück, folgt ihnen dann aber und ist noch schneller unten als die anderen drei. So ist es mit den guten Vorsätzen: Sie landen allesamt dort, wo es am bequemsten ist, nämlich dort, wo alles anfing.

Eduard wandert in seinem Traum weiter bis zu einer Höhle, in der ein unglücklicher Mensch mit dem Gesicht zur Wand an einen Sitz fest angebunden ist. Er sei schon »zehntausendmal wiedergeboren«, könne aber von den Dingen, die draußen passieren, nichts weiter als Schatten an einer Wand erkennen. (Eduard träumt etwas, was so ähnlich ist, wie Platons Höhlengleichnis in seinem Buch »Der Staat«. Bei Platon ist es aber umgekehrt. Der Gefesselte, der bisher nur Schatten von Dingen an der Wand sah, befreit sich von den Fesseln, sieht endlich die Dinge selbst und verlässt die Höhle, um endlich das Licht der Sonne zu sehen.) Eduard hält sich nicht lange bei der Höhle auf, setzt seinen Weg fort und sieht einen Mann, der sich selbst peitscht. Auf die Frage, was er mache, sagt der: »Das Leben ist ein Esel! Ich prügle ihn durch!« Dann trifft Eduard einen Mann, der immer auf denselben Fleck starrt. Was er tue, will Eduard wissen, und bekommt die Antwort: »Das Leben ist ein Irrtum! Ich denke ihn weg!« Weiter auf seiner Wanderung trifft Eduard jemanden in einer verfallenen Einsiedelei. Der erklärt Eduard: »Das Leben ist eine Schuld! Ich sitze sie ab!«

Eduard sah in dieser Traumphase alles, was das menschliche Leben verdrießlich macht: den unwissenden Menschen in der Höhle, den törichten Menschen, der sich für seine eigene Dummheit bestraft, den Menschen, der alle Irrtümer einfach wegdenkt und schließlich den Menschen, der seine Schuldhaftigkeit erkennt und sie absitzt. Vielleicht ist das der traurige Höhepunkt von Eduards Traum: ein wenig hoffnungsvoller, sehr selbstkritischer Blick auf das menschliche Leben. Eduard träumt noch ein wenig weiter, bis dann die Erlösung kommt in Gestalt von Elise, die ruft: »Eduard, steh auf, der Kaffee ist fertig!« Darauf folgt Eduards Resümee: »Wer war froher als ich? Ich hatte mein Herz wieder und Elisen ihr's und dem Emil sein's, und Spaß beiseite, meine Freunde, nur wer ein Herz hat, kann so recht fühlen und sagen, und zwar von Herzen, daß er nichts taugt. Das Weitere findet sich.«

Jetzt habe ich euch einiges von diesem Buch erzählt, nicht um euch das eigene Lesen zu ersparen, sondern um euch auf einige tiefe philosophische Gedanken Wilhelm Buschs aufmerksam zu machen. Ihr werdet selbst bemerken, dass es nicht genügt, das Buch vorzulesen. Alle Traumphasen Eduards könnt ihr nacheinander gemeinsam durchsprechen und euch eigene Gedanken dazu machen. Vielleicht seid ihr nicht mit allem, was ihr lest, einverstanden. Eltern hätten gerne, dass ihre Kinder hoffnungsvoll in die Zukunft schauen. Wilhelm Busch

wollte das mit den sehr gemischten, teilweise enttäuschenden Traumerfahrungen Eduards nicht verhindern. Er wollte aber sicher vor übertriebenen oder falschen Hoffnungen warnen und vor Philosophen, die so tun, als wüssten sie mehr als andere, dabei ihre vermeintliche Weisheit aber nur in einen Schwall von Worten oder Flötentönen kleiden.

Mit der kurzen Schilderung von »Eduards Traum« wollte ich euch zeigen, wie Wilhelm Busch tiefe Einsichten leicht vermitteln kann. Die Leichtigkeit nimmt den Einsichten selbst nicht ihr Gewicht und ihre Ernsthaftigkeit, macht sie aber bekömmlicher. Er lässt Eduard über schmerzliche, an manchen Stellen sogar grausame Erfahrungen berichten. Das alles bleibt aber geträumt und damit auf Distanz, also wollte Wilhelm Busch sagen: So ist es wirklich, nehmt das alles ernst, aber nicht zu ernst. Ihr habt keinen Grund zu verzweifeln.

Es ist fast so wie zu Hause, wenn einen die Mutter oder der Vater wegen irgendeiner dummen Sache schimpft, am Ende aber in den Arm nimmt, uns tröstet und sich mit uns versöhnt. Wir lernen mehr über uns selbst und unsere Fehler, wenn wir uns mit uns selbst am Ende versöhnt fühlen, als wenn wir nur den Groll und das Schimpfen im Ohr haben und uns endlos über die eigene Dummheit grämen.

Der Sinn der Gedanken Wilhelm Buschs erscheint so leicht, weil er in ein durchsichtiges, hellglänzendes Seidenpapier des Unsinns verpackt ist. Wir erkennen mit einem Lächeln den Unsinn der scheinbar guten Vorsätze. Wilhelm Busch zeigt, wie unzuverlässig sie sind. Willich, Wolltich, Wennaber und Wohlgemut führen nicht weit und haben auch noch Entschuldigungen parat für ihr Versagen. Wir erfahren durch den Besuch in der Höhle, dass es keinen Sinn hat, dass wir uns etwas auf unser Wissen einbilden. Wir wissen, dass wir unsere Dummheit nicht mit Gewalt, nicht mit Prügeln beseitigen können und wir wissen, dass wir nichts einfach wegdenken oder eine Schuld aussitzen können. Am Schluss scheint es so, als versöhne sich Wilhelm Busch mit sich selbst. Nur wer ein Herz habe, also lebendig und nicht nur wie Eduard in seinem Traum ein mathematisches Pünktchen ist, könne sagen, dass er »nichts taugt«. Und dann, der letzte Trost: »Das Weitere findet sich.«

Un*sinn* und WEIShEit
(James Stephens' »Der Krug Gold«)

Wir haben jetzt schon lange keine Spiele mit der Sprache mehr gespielt, sondern Geschichten gehört, die Erstaunliches, auch Unglaubliches und vor allem Märchenhaftes erzählen. Es sind ganz besondere Geschichten, weil sie weit weg von dem zu sein scheinen, was wirklich ist. Sie passen gut in das große Reich des Unsinns, in dem Tiere wie Menschen sprechen können. »Eduards Traum« von Wilhelm Busch war ein Beispiel. Ihr kennt sicher von den Grimm'schen Märchen den »Gestiefelten Kater« und »Aschenputtel«. Diese Märchen muss ich euch nicht erzählen. Ich bringe euch lieber Geschichten näher, die ihr wahrscheinlich nicht kennt. Die nächste stammt von dem irischen Schriftsteller James Stephens (1882–1950), ein Märchen, das ich besonderes mag.

Es heißt »The Crock of Gold«. Erschienen ist es 1912 in London, und deutsche Übersetzungen gibt es gleich zwei: Die erste stammt aus dem Jahr 1947 und trägt den Titel »Götter, Menschen, Kobolde«. Diese Übersetzung kenne ich nicht. Die zweite Übersetzung kenne ich. Sie erschien 1985 unter dem Titel »Der Goldene Hort«. Der Titel ist zu pathetisch. Das Wort *crock* bezeichnet einen irdenen, getöpferten Krug und keinen Hort. Es gab früher in England und Irland Märkte unter freiem Himmel, auf denen Krüge für den Haushalt verkauft wurden. Noch heute gibt es, wie mir mein Freund Nick Fogg erzählte, in der Stadt Coventry die jährliche »Crock Fair«, eine Messe, auf der irdene Töpfe für alle möglichen Zwecke verkauft werden. Die Messe heißt immer noch so. Vielleicht gibt es auch noch Töpferwaren zu kaufen. Ich erzähle euch dies, damit ihr versteht, dass der Titel des Buches von James Stephens einfach »Der Krug Gold« ist. Von einem Hort ist nicht die Rede.

Ihr wollt sicher wissen, wer James Stephens war. Er ist 1882 in der späteren irischen Hauptstadt Dublin in einem Viertel geboren worden, in dem nur Arme lebten. Es herrschten Hunger und Elend. James ging nie in eine Schule, sondern brachte sich Lesen und Schreiben selbst bei. Irgendwann begann er, Gedichte und kurze Geschichten zu schreiben, studierte dann aber noch Literatur. Für seinen Lebensunterhalt arbeitete er als Journalist. Irland war damals kein freies Land, sondern Teil des Britischen Weltreichs. Dagegen lehnten sich die Iren auf. Sie wollten frei und unabhängig sein. 1916 gab es den Osteraufstand gegen die Briten. Darüber berichtete James Stephens. Er war politisch für die Sache der Iren aktiv. Mit dem Osteraufstand begann die Befreiung Irlands, aber erst 1922 wurde Irland ein unabhängiger Staat, allerdings ohne Ulster, den Norden der Insel, der weiter britisch blieb und es immer noch ist. Als Schriftsteller interessierten James Stephens die irischen Sagen und Märchen. 1932 gründete er die Irische Akademie für Literatur, bei der sein Freund, der weltberühmte irische Schriftsteller James Joyce, allerdings nicht mitmachen wollte. Stephens starb 1950.

»Der Krug Gold« ist in verschiedener Hinsicht ein philosophisches Märchen. Die Hauptrollen spielen zwei Philosophen, zwei Götter (nämlich Pan und Angus Og), die zwei Frauen der Philosophen (genannt die Graue und die Dünne), mehrere Kinder und Polizisten. Es gibt außerdem viele Erdgeister, Kobolde und Feen, die natürlich alle irisches Englisch sprechen. Den Hirtengott Pan kennt ihr vielleicht. Er hat einen menschlichen Oberkörper und den Unterkörper eines Widders und spielt gerne auf seiner Flöte. Angus Og kennt ihr wahrscheinlich nicht. Das ist ein Gott der Jugend, der Liebe und der dichterischen Phantasie bei den Kelten, dem Volk, aus dem die Iren hervorgegangen sind.

Das Buch ist ein philosophisches Märchen, aber nicht einfach ein Lob der Philosophie. Es ist ein Lob der Weisheit, verpackt in Unsinn. Also Vorsicht! Weisheit kann lebensgefährlich sein, wenn man meint, man habe viel davon. Der eine der beiden Philosophen und seine Frau sterben schon am Ende des zweiten Kapitels. Sie rühmen sich ihrer Weisheit und tanzen und drehen sich darin so lange, bis sie tot umfallen. Das ist kein Lob der Weisheit. Kurz bevor die Graue Frau stirbt, sagt sie noch Sachen, die zeigen (sollen), wie weise sie ist: Frauen seien stärker als Männer, besser als Männer, weiser als Männer, weil sie weniger wissen, mehr begreifen und nicht nach Weisheit suchen würden. Trotzdem stirbt sie kurz darauf. Mit solchen Schein-Weisheiten über Männer und Frauen will James Stephens seine irischen Leserinnen und Leser zum nachdenklichen Schmunzeln bringen. Sie wissen, dass seine Ausführungen nicht wörtlich gemeint sind, aber doch ein Körnchen Wahrheit enthalten. Zu viel Weisheit ist lebensgefährlich, und Philosophen, die meinen, sie seien weiser als alle anderen, kann und darf man nicht ernst nehmen.

Der Philosoph, der im Märchen übrig bleibt, macht eine Reise. Er trifft den Gott Pan und unterhält sich mit ihm über die wichtige Frage, was Tugend sei. Pan meint, es sei das, was man bei angenehmen Handlungen tue. Was dann aber Laster sei, fragt der Philosoph weiter. Das sei das Unterlassen angenehmer Handlungen, meint Pan. Wenn das so wäre, fährt der Philosoph fort, wäre die Philosophie bis zum heutigen Tag auf dem falschen Weg. Genau so sei es, bestätigt Pan. Philosophie sei eine unmoralische Tätigkeit, weil sie einen Maßstab des Handelns vorschlage, dem man unmöglich folgen könne, und der dann, wenn man ihm folgen könnte, zur großen Sünde der Sterilität führen würde.

Natürlich ist der Philosoph darüber entrüstet. Die Idee der Tugend habe die edelsten Geister der Welt bewegt, hält er Pan entgegen. Der kontert darauf: Nicht bewegt, sondern hypnotisiert habe sie jene Geister und dazu gebracht, Tugend als Unterdrückung und Selbstaufopferung als etwas Ehrenwertes zu verstehen und nicht als das, was sie sei, nämlich Selbstmord. Der Philosoph tut so, als würde er zustimmen und meint, wenn das so wäre, würde es das ganze Leben sehr vereinfachen. Darauf sagt Pan, das Leben sei schon sehr einfach: Es sei Geborenwerden und Sterben und dazwischen Essen und Trinken, Tanzen und Singen, Heiraten und Kinderhaben. Das sei schlicht Materialismus, empört sich der Philosoph, unerlöste, tierische Sinnlichkeit. Wie das genannt werde, sei nicht so wichtig, meint Pan. Darauf der Philosoph: »Sie haben nichts bewiesen!« Und Pan: »Was man fühlen kann, bedarf keines Beweises.« Am Ende wirft der Philosoph Pan vor, er lasse das Neue außer Acht – das Gehirn. Er, der Philosoph, glaube daran, dass der Verstand über der Materie stehe, und das Denken stehe über den Gefühlen und der Geist über dem Fleisch. Pan billigt ihm schulterzuckend zu, dass er das sicher glaube, und nimmt seine Flöte zur Hand.

Wir merken: Der Philosoph kommt nicht an gegen Pan. Alles, was der Philosoph glaubt, kann er nur glauben und nicht wissen, weil es sich genauso wenig beweisen lässt wie das, was Pan glaubt. Was der glaubt, kann auch er nicht beweisen. Er will es nicht einmal. Mit Beweisen kommt man bei wichtigen Fragen nicht weiter. Das ist ganz sicher eine philosophische Erkenntnis. Der Philosoph sieht ein, dass er sich nicht durchsetzen kann, und verlässt fluchtartig Pans Höhle. Er ist völlig verwirrt, aber nicht nur wegen des Disputs mit Pan, sondern aus einem ganz anderen Grund. Dieser Grund ist das Mädchen Caitilin, das unbekleidet, unbekümmert und fröhlich in Pans Höhle herumspaziert – das schönste Mädchen der Welt, von Pan entführt. Das Bild dieses nackten Mädchens geht ihm nicht aus

dem Kopf, sosehr er sich auch philosophisch darum bemüht. Er muss feststellen, dass sein Geist so ungefestigt ist, dass der bloße Anblick eines Mädchens ihn aus den Angeln heben kann. Etwas resigniert konstatiert er, dass uns unsere Augen sagen, worüber wir nachdenken sollen, und dass unsere Weisheit nicht mehr als ein Katalog sinnlicher Reize ist.

Während er noch über seine neue, durch Caitilin gewonnene Erkenntnis nachdenkt, spürt er plötzlich ein tiefes Wohlgefühl. Das ganze Gewicht und die Autorität seines Denkens sind von dem Augenblick an, in dem er das Denken seinen Augen überlässt, wie weggeblasen. Plötzlich sieht er Dinge, die er nie zuvor gesehen hatte – den Sonnenschein, in den die Hügel und

Täler eingetaucht sind; einen Vogel, wie er wirklich ist … Die ganze Pracht der Natur nimmt er jetzt erst wahr. Sein Denken ist zum Sehen geworden. Das frühere Denken kommt ihm plötzlich belanglos vor, nicht aber die Bewegung seiner Beine und die Bewegung seiner Gefühle, die er wahrnimmt. Seine Überzeugungen ändern sich auf merkwürdige Weise. Was richtig ist und was falsch, vermischt sich plötzlich und ist schwer auseinander zu halten. Das verwirrt ihn etwas, aber nicht lange. Er sieht ein, dass das Denken, das er bisher kannte, nichts weiter als eine Krankheit ist. Pans Weisheit scheint sich durchgesetzt zu haben.

Er wandert weiter und trifft zwei Männer und eine Frau, die ihn fragen, wohin er will. Er sagt, er wolle den Gott Angus Og besuchen. Warum, wollen die Leute wissen, weil sie nicht glauben können, dass man das kann. Das sei eine Familienangelegenheit, erwidert der Philosoph. (Er will Caitilin retten.) Dann erklärt er den Leuten, wie man einen Gott besuchen kann. Man gehe einfach von zu Hause aus los in irgendeine Richtung. Der eigene Schatten müsse hinter einem bleiben, so lange wie man brauche, um zu einem Berg zu kommen, weil die Götter nicht in Tälern oder auf dem flachen Land, sondern in der Höhe leben. Der Gott führe einen dann an einem luftigen Faden dorthin, wo er haust. Tatsächlich kommt der Philosoph auf diese Weise bei Angus Og an. Davor spricht er aber noch mit den Leuten über die Frage, was Weisheit ist. Die Frau meint, Weisheit sei, wenn man keine Angst und keinen Hunger haben müsse. Sie fragt daraufhin den Philosophen, was er Weisheit nenne. Der ist nach dem Zusammenbruch seines alten Weisheits-Gebäudes ziemlich verunsichert und meint, das könne er nicht

mehr genau sagen. Früher habe er geglaubt, Weisheit sei, wenn man sich nicht um die Welt kümmere und sich nicht zum Sklaven seiner Bedürfnisse mache. Das beschreibt er wortreich. Die Frau ist nicht beeindruckt. Sie bleibt dabei, Weisheit sei, dem Hunger zu entkommen.

Der Philosoph kommt schließlich in der kleinen Höhle in Gort na Cloca Mora an und erlebt etwas Seltsames. Caitilin ist dort, zusammen mit Pan. Hinzu kommt der Gott Angus Og. Er erklärt Caitilin, wer er sei, nämlich unbeschränkte Freude und Liebe. Das verwirrt sie, weil sich ja auch Pan »Liebe« nennt. Angus Og sagt aber, Pans richtige Namen seien Begierde, Fieber, Lust und Tod. Pan will sich nicht geschlagen geben. Angus Og schlägt dann vor, das Mädchen solle über ihn und Pan urteilen und dann einen wählen. Ob sie wisse, was das Größte auf der

Welt sei, fragt Pan. Sie habe, sagt Caitilin, so wie Pan geglaubt, es seien der Hunger und der gesunde Menschenverstand. Darauf sagt Angus Og, das größte Ding auf der Welt sei die göttliche Phantasie. Auf seine Frage, was sie denn nun für das Größte auf der Welt halte, meint sie etwas verunsichert, es sei das Glück.

Nach einigem Nachdenken erklärt daraufhin Angus Og, wie es wirklich ist. Er holt weit aus und kommt zu dem Ergebnis, dass die wahre Tugend der Mut, der wahre Mut die Freiheit und die wahre Freiheit die Weisheit, die Weisheit der Sohn des Denkens und der Intuition und dessen andere Namen Unschuld, Anbetung und Glück seien. Ihr werdet zugeben, dass das alles nicht leicht zu verstehen ist. So geht es auch Caitilin. Sie weiß immer noch nicht, welchen der beiden Götter sie wählen soll. Angus Og sagt ihr, dass er sie will. Pan gibt auf, verlässt die Höhle und Caitilin vertraut sich Angus Og an. Sie ist gerettet, wird seine Braut und geht mit ihm im letzten Kapitel des Märchens auf eine große Reise.

Zwischen ihrer Rettung und der Reise passiert sehr viel, nämlich alles, was mit dem Krug Gold zu tun hat. Der Krug mit dem Goldstaub gehörte den Kobolden und war ihnen gestohlen und irgendwo vergraben worden. Sie verdächtigen die Dünne Frau des Philosophen, denunzieren sie aus Rache bei der Polizei, den anderen Philosophen und dessen Graue Frau ermordet zu haben. Dabei waren die beiden ja an zu vielen Umdrehungen bei ihrem Weisheitstanz gestorben. Die Polizei findet die Leichen tatsächlich in dem Haus der Dünnen Frau und des Philosophen und will beide festnehmen. Um es kurz zu machen: Die Kinder der Dünnen Frau finden den vergrabenen Krug voller Gold und sagen es den Kobolden, die über den Fund ihres Kruges überaus glücklich sind. Der Philosoph wird tatsächlich verhaftet, kommt mit Hilfe der Kobolde aber frei, stellt sich danach als ehrlicher Mensch und aufrechter Philosoph selbst der Polizei, und am Ende kommt er endgültig frei.

In dem Märchen wird nur erwähnt, dass der Philosoph mit Angus Og gesprochen hat. Was die beiden besprachen, erfahren wir nicht. Der Philosoph tritt die Reise zurück nach Hause an. Seine Weisheit ist nun eine andere als davor. Er sagt nun, dass das Herz die Quelle der Weisheit ist und dass der Kopf nichts gehört hat, bevor das Herz etwas gehört hat. Es ist die Philosophie von Angus Og, eine göttliche Weisheit, die er sich angeeignet hat. Die zwischenzeitliche Weisheit, die Caitilins Erscheinung in ihm auslöste, hat er überwunden.

Überlegen wir uns nun, wie sich die Weisheit im »Krug Gold« wandelt. Zuerst hören sich die Weisheiten wie unverrückbare, absolut gültige Festlegungen an. In der Philosophie werden solche Festlegungen Definitionen genannt. Am Anfang tauschen die beiden Philosophen lauter Weisheiten aus, die sich so endgültig wie Definitionen anhören. Der Philosoph, der später Pan und Angus Og begegnet, ist aber von Anfang an im Zweifel über das, was Weisheit ist. Weisheit sei ganz Kopf ohne Herz, sagt er. Vielleicht seien Güte und Freundlichkeit wichtiger als Weisheit, und vielleicht seien ausgelassene Fröhlichkeit und Musik und ein Freudentanz das höchste Ziel. Er warnt seinen Kollegen davor, vom Gewicht seines Kopfes erdrückt zu werden. Der Philosoph, der tatsächlich von seinem Kopf erdrückt wird, sagt kurz davor noch, er habe alle Weisheit gewonnen, die er tragen könne, und schon eine Woche lang keine neue mehr gefunden. Was ihm der andere Philosoph sage, höre sich an wie das Brummen einer Biene in einer dunklen Zelle. Er hört also gar nicht mehr richtig, was der andere sagt, und stirbt dann.

Der Philosoph, der an der Weisheit von Anfang an zweifelt, findet sie am Ende mit Hilfe von Angus Og. Zwischendurch hat er die alte Tugend-Weisheit noch gegen Pan verteidigt, allerdings ohne Erfolg. Dann glaubt er, dass die Weisheit das ist, was wir wahrnehmen, was sich bewegt, was wir fühlen. Das ist auch eine Art Zweifel, nämlich ein Zweifel am Verstand. Der schottische Philosoph David Hume (1711–1776), dessen Schriften James Stephens sicher kannte, hat diese Art Zweifel vertreten und nur auf das gesetzt, was wir wahrnehmen, denn nur das sei gewiss. Das leuchtete James Stephens nicht ein. Er schickte seinen zweiten Philosophen zwar zuerst zu Pan, der eine Weisheit des Gefühls ohne Verstand predigt. Pan kennt aber keine Zweifel wie Hume. Deswegen ist seine Weisheit ganz anspruchslos. Der Philosoph genießt diese Gefühlsweisheit, die Caitilin in ihm ausgelöst hat, eine gewisse Zeit und sieht endlich die Natur, wie sie wirklich ist. Das ist schon ein Gewinn an Weisheit, aber nur vorübergehend. Nachdem Caitilin sich für Angus Og und damit für die Liebe entschieden hat, wird er erneut und dieses Mal endgültig zur Weisheit des Herzens bekehrt, die er schon am Anfang für möglich hielt.

Ihr wollt sicher noch etwas genauer wissen, was diese Weisheit mit Unsinn zu tun hat. Sie ist selbst eine Art von Unsinn, weil sie zu nichts zu gebrauchen ist. Sie bringt keine Vorteile, kein Geld, keinen äußeren Gewinn, sondern nur einen Gewinn, der Liebe genannt werden kann, die Weisheit des Herzens. Was das ist, wisst ihr hoffentlich. Ihr habt sicher Eltern, die euch lieben. Das ist das eine, das andere ist, dass der Weg zu dieser Weisheit in einem Märchen beschrieben wird. Märchen sind eine besondere Art Unsinn. Sie sind ein Unsinn, aus dem meistens etwas Gutes entsteht. Märchen haben fast immer ein Happy End. Die schönsten Märchen überraschen uns. Wir wissen am Anfang noch nicht, wie sie ausgehen. Das ist spannend. Immer wieder passiert etwas, was uns zweifeln lässt, vielleicht sogar traurig macht, zumindest aber nachdenklich, weil es so aussieht, als ob die Geschichte nicht gut ausgehen würde. Wenn sie dann doch gut ausgeht, freuen wir uns wirklich. Dann hat das Gute gewonnen.

Den Gedanken, dass das Herz die Quelle der Weisheit ist und erst das Herz etwas sehen muss, bevor der Verstand es sieht, kennen wir vom »Kleinen Prinzen«. Das ist ein Märchen, das Antoine de Saint-Exupéry (1900–1944) 1943 veröffentlicht hat. Es heißt dort, dass man mit dem Herzen besser sieht. Ob Antoine das Buch von James Stephens kannte, weiß ich nicht. Ein schöner Gedanke wie dieser gehört aber keinem Schriftsteller allein, sondern uns allen. Es kommt nicht darauf an, wer ihn wann oder als erster aufgeschrieben hat.

Eine SATire
(Jonathan Swifts »Gullivers Reisen«)

Lange vor James Stephens lebte in Dublin der Schriftsteller Jonathan Swift (1667–1745). Seine Vorfahren waren von England nach Irland ausgewandert. Sein bekanntestes Buch ist »Gullivers Reisen« (1726). Swift hat es mit sehr ernsten und kritischen politischen Absichten geschrieben, die sich gegen die englische Politik seiner Zeit richteten. Lange galt das Buch als Kinderbuch – tatsächlich aber ist es kein Märchen und auch nur in einem sehr oberflächlichen Sinn ein Buch für Kinder. Was für Kinder und Erwachsene daran interessant ist, erkläre ich gleich.

»Gullivers Reisen« ist es eine besondere Art von Unsinn, eine politische Satire. Das Wort *Satire* wird auf das Lateinische »satura lanx«, die mit (bunten) Früchten gefüllte Schale, zurückgeführt, nicht etwa auf den Halbgott Satyr. Das Fremdwort *saturiert*, das so viel wie »gesättigt« bedeutet, wird häufig gebraucht. Satiren verspotten Menschen und Ereignisse, die schlecht oder lächerlich oder heuchlerisch oder lasterhaft oder verbrecherisch oder alles zusammen sind. Es sind in Spott verpackte Anklagen, die durch die scheinbar lustigen Anspielungen auf tatsächliche Personen und Ereignisse und haarsträubende Übertreibungen besonders wirkungsvoll sein wollen. Die Autoren wagen oft nicht, aus Angst vor Verfolgung, ihren wirklichen Namen preiszugeben und schreiben unter einem erfundenen Namen, einem Pseudonym. Das hat auch Swift getan. Sein erfundener Name ist Lemuel Gulliver. Swift war zur Zeit der Veröffentlichung von »Gullivers Reisen« beinahe 60 Jahre alt. Er hatte schon im Alter von 14 Jahren am Trinity College in Dublin mit dem Studium der Theologie begonnen und es später in Oxford mit der Promotion zum Doktor der Theologie abgeschlossen. Er war ab 1713 Dekan der anglikanischen Kathedrale des Heiligen Patrick in Dublin. Ab 1704 war er für den Politiker Sir William Temple und später für die konservative Regierung von Lord Bolingbroke als Propagandist tätig. Er kannte sich in der Politik seiner Zeit sehr gut aus, war in viele politische Händel verwickelt und vor seiner Arbeit für Bolingbroke für die Whigs, dessen Gegner, tätig. Er wechselte aus Enttäuschung die Seiten, verehrte Königin Anne und verachtete König Georg I., den er für unfähig hielt.

Swifts Satire arbeitet mit einem philosophischen Hilfsmittel, der wahren Lüge. Die Figur der wahren Lüge ist besonders unsinnig, weil sie ein Widerspruch ist. Ihr habt schon gehört, was Widersprüche sind. Ihr wisst, dass etwas – ein Satz oder ein Ereignis – entweder wahr oder falsch, aber nicht beides gleichzeitig sein kann. Swift behauptete, wahre Geschichten über ferne Länder und deren Bewohner zu erzählen. Diese Geschichten sind alle nicht wahr, weil es weder den Reisenden Gulliver noch diese Länder noch deren Bewohner gab. Durch die erfundenen Länder will Swift den wahren, aber für die meisten Menschen verborgenen Charakter der englischen Politik der Unterdrückung sichtbar machen. Swift machte sich viel Mühe, den Reisen Gullivers den Schein der Wahrheit zu geben. Er bemühte sich, die Karten der erfundenen Länder wie tatsächliche See- und Landkarten seiner Zeit aussehen zu lassen.

Einer der Herausgeber der Werke Swifts, der Oxforder Professor David Womersley, kann die merkwürdigen Namen, die Swift verwendet, den Politikern seiner Zeit zuordnen, die er kritisieren wollte. Womersley beschreibt ausführlich die Hintergründe und Motive, die Swift antrieben, mit seiner Satire die Politik Englands gegen Irland anzugreifen. Es war nicht etwa die Liebe zu den katholischen Iren selbst, die er als zurückgeblieben, primitiv und ungebildet verachtete, sondern seine Ablehnung der zunehmenden politischen Unterdrückung und wirtschaftlichen Ausbeutung der Insel, die er der englischen Politik unter der Herrschaft der Whigs vorwarf (so wurden die Gegner der Tories, der Konservativen, genannt; »wig« bedeutet »Perücke«). Diese Politik führte zu einer fortschreitenden Verarmung der Bevölkerung, zu Hunger und schließlich zu Hass gegen England und den anglikanischen Klerus und Adel, der auf der Insel herrschte und die Unterdrücker repräsentierte. Die anglikanischen Kathedralen waren – und sind immer noch – riesig im Vergleich zu den katholischen Kirchen, obwohl die Zahl der Gläubigen sehr viel geringer war und ist.

Gegen die englische Politik hatte Swift schon anonym Pamphlete geschrieben, die »Drapier's Letters«, in denen er diejenigen politischen Entscheidungen anprangerte, mit denen England Irland unterdrückte. Unter der Regierung der Whigs war eine Münze mit besonders geringem Wert speziell für Irland eingeführt worden, der *Halfpence*. Diese Münze wurde in Bristol hergestellt und in Fässern von dort nach Irland geliefert, was Swift erboste, weil dies die Wertlosigkeit der Münze zum Ausdruck brachte. England unterdrückte Irland mit allen Mitteln, auch denen der Geldpolitik.

Gulliver wird von Swift als englischer Durchschnittsbürger dargestellt, der weder besonders gut noch besonders schlecht, weder besonders klug noch dumm ist. Er reist mit dem Schiff als erstes in das Land Lilliput. Das ist ein Zwergenreich, in dem die Menschen nur fünfzehn Zentimeter groß sind. Mit dem Reich Lilliput spielt Swift auf die englische und europäische Geschichte seiner Zeit an, ganz besonders in den Jahren des Spanischen Erbfolgekriegs (1701–1714). Er hatte die Auseinandersetzungen selbst aus nächster Nähe erlebt und Partei ergriffen. Swift überträgt das, was er erlebte, auf Gullivers Reise nach Lilliput. Die Ereignisse und politischen Auseinandersetzungen, auf die Swift anspielt, erläutern die hilfreichen Kommentare zu den einzelnen Stellen des Textes in der Reclam-Ausgabe.

In Lilliput wird Gulliver gefangen genommen und von Heerscharen von Lilliputanern gefesselt. Er kommt nach vielen dramatischen und gefährlichen Erlebnissen frei und kehrt nach England zurück. Das zweite Land, das er besucht, ist Brobdingnag, ein Land der Riesen, in dem nun er ganz klein ist. Der König des Landes will von Gulliver wissen, wie es in England ist. Er berichtet dem König von Verschwörungen, Rebellionen, Morden, Massakern, von Habsucht, Heuchelei, Heimtücke, Grausamkeit, Wahnsinn, Hass, Neid, Arglist und Ehrgeiz. Dies sind die Wahrheiten über die englische Politik, die in die Lüge der Reise in das Reich Brobdingnag verpackt sind. Auf der dritten Reise wird Gulliver von Piraten aufgegriffen und landet schließlich auf der unbekannten Insel Laputa, später auf Balnibarbi, Luggnagg, Glubbdubdrib und Japan. Laputa ist eine fliegende Insel, die über der Erde schwebt. Mathematik und Astronomie spielen eine große Rolle. In Glubbdubdrib geht es um die Adligen, die Kleriker und Fürsten und deren Niedertracht. Allesamt sind sie schlecht. Menschen erreichen nicht aus Verdienst, sondern nur durch Verrat und Korruption ihre hohen Stellungen. Die vierte und letzte Reise geht zu den Houyhnhnms. Es ist

das Land der vernünftigen Pferde, die aber an dem Laster des Stolzes leiden, das Swift den Menschen vorwirft.

Die phantastischen Länder, die Gulliver bereist und die ich nur sehr kurz erwähnt habe, könnten einen Platz in Märchen haben. In Märchen wundern wir uns nicht über unsterbliche Wesen, aufweckbare Tote und vernünftige Pferde, im Gegenteil, wir erwarten sie. Gullivers Reisen sind aber keine Märchen, sondern Satiren der wirklichen Zustände in England und anderen Ländern Europas. Swift war kein Menschenfreund, sondern ein Menschenfeind, ein Verächter der Menschheit. Er glaubte, die Menschen seien alle schlecht. Auch sein Gulliver ist kein guter Mensch, sondern moralisch unentschieden und durchschnittlich. Seine Menschenfeindschaft hielt Swift allerdings nicht davon ab, sehr gute und enge Freunde zu haben. Er konnte einzelne Menschen lieben und schätzen, aber nicht den Menschen im Allgemeinen. Seine Verachtung für die katholischen Iren ist ein Kapitel für sich.

Dazu sollten wir jetzt eine wichtige Zwischenfrage stellen: Gibt es den Menschen im Allgemeinen überhaupt? Es gab und gibt viele wie Jonathan Swift, die glauben, *der* Mensch sei schlecht. Auch Immanuel Kant befand, der Mensch sei »aus krummem Holz«, mit einem »Hang zum Bösen«, also durch und durch schlecht. – Solchen Urteilen sollten wir kritisch gegenübertreten, weil sie unterstellen, dass das Wesen des Menschen so sei. Das Wesen des Menschen ist aber nichts Allgemeines. Das lernen wir bei Aristoteles, der uns erklärt, dass das Wesen von etwas nichts Allgemeines sein kann, sondern nur das Einzelne, so wie es ist. Das bedeutet, dass das Wesen des Menschen jeder einzelne Mensch ist, ob männlich oder weiblich, groß oder klein, dick oder dünn, dunkelhäutig oder weiß, klug oder töricht. Wir sollten das Wesen des Menschen in jedem einzelnen Menschen erkennen, so wie er oder sie ist. Wenn dies das Wesen des Menschen ist, gibt es keinen Grund, die Menschen im Allgemeinen zu verachten, wie Swift und andere es taten. Es gibt auch keinen Grund, auf Menschen herabzusehen, weil sie anders sind als wir, weil sie anders aussehen, eine andere Kultur haben, anders angezogen sind, andere Speisen lieben und andere Sprachen sprechen. Wir sollten zwischen dem Wesen des Menschen und dem, was viele Menschen in der Geschichte und Politik angerichtet haben, unterscheiden. Dann verstehen wir, dass es schlecht ist, Menschen allgemein zu verachten, nur weil einzelne Politiker, mächtige Fürsten oder Priester schlecht gehandelt haben.

Auch wenn wir diese Unterscheidung zwischen dem Wesen des Menschen und der politischen Geschichte verstehen, hatte Swift viele gute Gründe zu glauben, dass zu seiner Zeit in der Politik Machtbesessenheit, Heimtücke, Bestechlichkeit und Grausamkeit herrschten und Friedensliebe und Gerechtigkeit weit und breit nicht zu finden waren. Er hatte alles genau so erlebt. Swift war philosophisch gebildet und kannte Platons Lehre vom Staat und vom Philosophenkönig. Sie spielt in seinem Werk da und dort eine Rolle am Rande, ist aber kein Leitbild seiner Satire.

Die Zwischenfrage zum Wesen des Menschen, die ich eben stellte, hat noch eine Bedeutung für den Unsinn der Satire Swifts. Ihr erinnert euch an das widersprüchliche und damit unsinnige Stilmittel Swifts, die wahre Lüge. Swift glaubte etwas Unsinniges, weil er die Menschen allesamt für schlecht hielt. Der Unsinn seiner Satire hat damit einen doppelten Boden. Im Unsinn (den erfundenen Ländern der Reise) steckt ein weiterer Unsinn (die Schlechtigkeit der Menschheit), der ihm aber nicht klar war. Hätte er diesen tieferen Unsinn durchschaut, hätte er erkannt, dass sein Verhältnis zu seinen Mitmenschen falsch war.

Ein anderer Unsinn war Swift aber klar: der Glaube an den Fortschritt und die Erlösung der Menschheit durch die Wissenschaft, der im 17. Jahrhundert mit dem Philosophen Francis Bacon (1561–1626) begann. Im Land Laputa herrscht die Mathematik und macht aus dem Land, wie Swift es darstellt, ein Wolkenkuckucksheim. Astronomie ist in Laputa wichtiger als die Moral der Menschen. Swift kritisiert mit Laputa die Euphorie des Fortschritts durch Wissenschaft. Mit der Großen Akademie von Lagado, also Dublin, spielt Swift vermutlich auf die Royal Society an, die königliche Gesellschaft, die 1660 in London gegründet worden war und immer noch existiert. Ziel dieser Gesellschaft ist die Mehrung des »natürlichen Wissens« durch Beobachtung und Experiment. Mit Balnibarbi meinte Swift zwar Irland und nicht England, das hat aber satirisch keine Bedeutung. In jedem Fall ging es Swift darum, die Vermessenheit, den Hochmut und die Überheblichkeit, die im Wissenschaftsglauben stecken, zu kritisieren.

Der Wissenschaftsglaube, den Swift und danach viele Künstler kritisierten, bestimmt noch immer unser Leben. Über den Unsinn des Wissenschaftsglaubens nachzudenken, ist wichtig, weil wir selbst davon betroffen sind. Wir bleiben jetzt aber bei Jonathan Swift. Gulliver kommt in seiner dritten Reise zu den unsterblichen Struldbruggs. Swift zielte auf den damals beginnenden und heute noch lebendigen Glauben an die Verlängerung des Lebens mit den Mitteln des wissenschaftlichen Fortschritts. Damals war gerade der Blutkreislauf durch den Arzt William Harvey (1578–1657) erklärt worden. Heute geht es um die Gene, die verändert werden müssten, um den Tod hinauszuschieben. Die Idee ist dieselbe, ewiges Leben, aber nicht im religiösen, sondern im diesseitig materiellen Sinn. Gulliver muss feststellen, dass die unsterblichen Struldbruggs keine ewige Jugend und keine dauerhafte Gesundheit haben, sondern endlos leiden und eigentlich tot sind, weil sie keinen Geist und kein Gefühl haben.

Wie kalt und leblos die Menschen sind, wenn Wissenschaft und Rationalität allein ihr Leben bestimmen, ist auch Thema der Reise Gullivers zu den Houyhnhnms. Diese Einsicht dürfen wir ganz unabhängig von Swifts Menschenverachtung ernst nehmen. Der Unsinn von Gullivers Reise hilft uns einsehen, wie unsinnig es ist, an die Lebensverlängerung durch Biomedizin zu glauben. In diesem Glauben steckt der falsche Glaube an das allgemeine Wesen des Menschen, weil dieses Wesen als genetische Natur des Menschen missverstanden wird. Das Wesen des Menschen ist nicht seine allgemeine genetische Beschaffenheit, sondern die Natur des Einzelnen mit seinen Besonderheiten, die mögliche Krankheiten und Leiden einschließen. Das bedeutet nicht, dass unnötiges Leiden mit biomedizinischen Mitteln nicht verhindert werden sollte, im Gegenteil. Das zu tun gebietet die Nächstenliebe.

Ihr werdet euch fragen, ob es außer »Gullivers Reisen« noch andere Satiren gibt, die philosophisch interessant sind. Satiren gibt es viele, philosophisch interessant sind aber nicht alle.

Der griechische Dichter Aristophanes (450/444–380 v. Chr.) schrieb eine ganze Reihe Komödien und Satiren. Eine erwähne ich, sie heißt »Die Vögel«. Sie wurde 414 v. Chr., zehn Jahre vor dem Ende des Peloponnesischen Kriegs zwischen Athen und Sparta (431–404 v. Chr.), erstmals aufgeführt. Athen verlor diesen Krieg. Er war, wie Aristophanes wohl glaubte, wegen des übertriebenen Machtinteresses von Perikles, dem führenden Athener Politiker, ausgebrochen. Das Stück schildert, wie die Vögel die Macht ergreifen und im Himmel, dem Reich der Vögel, eine neue Stadt erbauen, das Wolkenkuckucksheim (griech. nephelokokkygia) – das Wort stammt aus dieser Satire. Ich erwähne sie, weil sie auf Philosophen anspielt, auf Sokrates und die Sophisten, aber ansonsten keine philosophischen Gedanken enthält. Es geht Aristophanes um eine Kritik der Politik in seiner Heimatstadt Athen, in der er selbst auch politische Ämter bekleidete.

Auch die Satire »Meister Floh« ist eine Kritik der Politik. Der Dichter und Musiker E. T. A. Hoffmann (1776–1822) hat sie Anfang der 20er-Jahre des 19. Jahrhunderts, nicht lange vor seinem Tod, geschrieben. Er war Jurist und zu der Zeit als Kammergerichtsrat in Berlin Mitglied einer Kommission, die »hochverräterische Verbindungen und andere gefährliche Umtriebe« in Preußen untersuchen sollte. Es war die Zeit der Restauration, als die europäischen Fürsten nach dem Ende Napoleons begannen, die politischen Reformen einzustellen und die früheren Zustände wiederherzustellen.

Gegen Napoleon und für die Unabhängigkeit Deutschlands hatten sich unter den Studenten die Burschenschaften gebildet, die demokratische, politische Reformen in den deutschen Fürstentümern forderten. Das machte sie verdächtig. Der Ministerialdirektor im preußischen Polizeiministerium, Karl Albert von Kamptz, wollte, dass die Burschenschaften bekämpft werden. Er glaubte, dass das, was ein Student in sein Tagebuch schrieb, zeigte, was er getan hatte und wieder tun würde. So ließ er den Studenten Gustav Asverus verhaften, der in sein beschlagnahmtes Tagebuch geschrieben hatte: »heute war ich mordfaul«. Von Kamptz interpretierte die vier Wörter so, dass Gustav schon mehrere Morde begangen hatte und an dem Tag zu faul gewesen war, einen weiteren Mord zu begehen.

Diese wahre, aber haarsträubende Geschichte liegt E. T. A. Hoffmanns Satire »Meister Floh« zugrunde. Hoffmann bringt den Unsinn dessen, was von Kamptz glaubte, auf den Punkt: Wenn ein Verbrecher ermittelt ist, findet sich auch das Verbrechen, das er begangen hat. In seiner Satire heißt der Geheime Hofrat Knarrpanti. Er lässt die Hauptfigur der Erzählung, Peregrinus Tyß, verhaften, weil bei einer vornehmen Gesellschaft an Weihnachten eine Dame entführt worden sei. Allerdings wird keine Dame vermisst. Das spielt aber keine Rolle. Der Verbrecher ist ermittelt, das Verbrechen selbst ergibt sich dann von selbst. Peregrinus Tyß hatte in sein Tagebuch geschrieben: »Heute sah ich im Theater Mozarts ›Entführung aus dem Serail‹ zum zwanzigsten Mal mit demselben Entzücken. Es ist doch etwas Hohes, Herrliches um diese Entführung.« Das nimmt Knarrparti als Indiz dafür, dass Tyß die Entführung begangen hat.

Über diese seine Satire hatte Hoffmann vor Freunden beim Wein gesprochen, dem er häufig über die Maßen zusagte. Was Hoffmann weinselig zum Besten gegeben hatte, war aber von Kamptz durch Spitzel zu Ohren gekommen. Hoffmann wurde daraufhin beschuldigt, Protokolle der Kommission, in der er arbeitete, für seine Satire gebraucht zu haben, ein Verstoß gegen die Amtsverschwiegenheit. Das Manuskript wurde beschlagnahmt. Die Satire konnte erst ein knappes Jahrhundert später, 1908, erscheinen.

Diese Beispiele erzähle ich, damit ihr seht, dass es viele andere Beispiele für Satiren gibt, die politische Zustände kritisieren. Damit enthalten sie aber nicht gleich interessante philosophische Gedanken über den Unsinn. »Gullivers Reisen« enthalten solche Gedanken, wie ihr hoffentlich auch findet.

Un*sinn* und Nichts
(Kazimir Malevič, Daniil Charms)

So wie Swift kritisierte auch der russische Maler und Kunst-theoretiker Kazimir Malevič (1879–1935) den Wissenschafts-glauben. Von ihm stammt ein berühmtes Bild, das »Schwarze Quadrat«. Er hat es 1913 entdeckt und nicht erfunden oder ausgedacht. Es war ihm beim Nachdenken über wichtige Fragen der Kunst, der Farben, des Lebens, der Religion in den Sinn gekommen. 1915 malte er das Schwarze Quadrat erstmals und danach noch oft. Dieses Bild gilt wenige Jahre vor der russischen Oktoberrevolution als Wendepunkt im künstlerischen Selbstverständnis von Malevič und seinen Freunden in St. Petersburg, zu denen der Schriftsteller und Dichter Daniil Charms (1905–1942) zählte. Um ihn und seine Dichtungen wird es vor allem gehen. Wir bereiten uns auf Charms mit Malevič vor.

Dabei helfen die Beiträge und Kommentare des Literaturwissenschaftlers Aage Hansen-Löve. Er erklärt, worum es Malevič ging. Hansen-Löve hat dessen Schrift »Gott ist nicht gestürzt« herausgegeben und ausführlich kommentiert. Er hat die besondere, eigenartige Religiosität Malevičs beschrieben. Sie sei das »ungläubige Staunen eines agnostischen Religionsmenschen«. Er will damit sagen, dass Malevič keiner Konfession oder Religion zuzurechnen ist, auch nicht an den Gott ei-

ner Religion glaubte, abe‍r dennoch religiös war. Der Titel »Gott ist nicht gestürzt« besagt, dass auch der Bolschewismus Gott nicht getötet hat. Seine eigene Religiosität war Maleviç unerklärlich. Er sei in die Welt der Religion eingetreten, wisse aber nicht, warum. Schon als Kind war Maleviç mit Ikonen vertraut. Ikonen sind äußerlich gesehen Heiligenbilder. Sie haben für orthodoxe Christen aber eine tiefe religiöse Bedeutung, weil sie den Heiligen eine verehrungswürdige Gegenwart geben.

Deswegen küssen die Gläubigen ihre Ikonen. Ikonen sind in gewisser Weise lebendige Wesen, und genauso verstand auch Malevič sein »Schwarzes Quadrat«. »Das Quadrat nahm Leben an«, schrieb er einem Freund.

Das »Schwarze Quadrat« ist eine Ikone besonderer Art, eine Null-Ikone, das »letzte Bild der Kunstgeschichte«, schreibt Hansen-Löve. Sie ist ein Nichts, das wie religiöse Ikonen für etwas Unfassbares, Unaussprechliches hinter dem Sichtbaren steht. Hansen-Löve vergleicht Malevičs Auffassung des Leeren seiner Ikone mit dem, was die Einsiedler in der Wüste suchten und fanden. Es war das, was unaussprechlich war. Die Lehre vom Unaussprechlichen, der Apophatik, hat in der Orthodoxie der östlichen Kirche eine große Bedeutung. In dieser Tradition steht das »Schwarze Quadrat«. Das Bild wurde zum Symbol eines neuen Verständnisses von Kunst der russischen Avantgarde, d. h. der Vorkämpfer für ein neues Kunstverständnis. Wie bei fast jedem Kunstverständnis, das mit theoretischen Ansprüchen verbunden ist, geht es nicht nur um Kunst, sondern um das Ganze der Lebenswelt, um Kultur und Gesellschaft. Malevič forderte eine Revolution, aber eine andere als die politische, die dann stattfand. Es ging ihm um einen »Neuen Menschen« und eine »Neue Welt«. Er lehnte die damals in Russland stärker werdende Fortschritts- und Wissenschaftsgläubigkeit ab. Er lehnte alles das ab, was mit der Oktoberrevolution 1917 in Russland begann und unter Stalin schrecklich wurde.

»Avantgarde« ist der Name für Personen, die mit ihren Ideen und Werken eine künstlerische, politische und kulturelle Modernisierung vorbereiten. Die marxistische Avantgarde versprach eine klassenlose Gesellschaft ohne Leibeigene, ohne

Unterdrückung, eine neue, große Freiheit. Viele Künstler, nicht nur russische, glaubten, dass die Revolution 1917 genau dies schaffen würde. Wir dürfen aber die marxistische Avantgarde in Russland nicht mit der künstlerischen gleichsetzen oder verwechseln. Die marxistische blieb ihren Zielen im Gegensatz zur künstlerischen Avantgarde nicht treu. Eine Avantgarde von Dichtern, Komponisten, Malern und Architekten lebte in Russland schon vor der Revolution. Die meisten von ihnen hatten nichts mit der marxistischen, politischen Avantgarde zu tun. Einige erhofften aber das, was die politische Avantgarde versprach. Sie wurden bitter enttäuscht. Maleviç und viele andere Vertreter der künstlerischen Avantgarde sahen sich getäuscht und betrogen. Statt einer neuen Freiheit gab es die sozialistische Gleichschaltung der Kultur. Wer sich nicht anpasste, war gefährdet, wurde willkürlich verhaftet, zu Gefängnisstrafen verurteilt, in Straflager verbannt oder hingerichtet. Dichter wie Maxim Gorki (1868–1936) passten sich an und unterstützten das Regime.

Die Avantgarde der Komponisten – Strawinsky (1882–1971), Prokofjew (1891–1953) und Schostakowitsch (1906–1975) – überlebte den Terror. Strawinsky wanderte 1920 aus, erst nach Frankreich, dann in die USA, Prokofjew wanderte 1918 aus, kehrte aber 1936 zurück, und Schostakowitsch blieb in St. Petersburg in ständiger Ar gst, verhaftet zu werden. Der Avantgarde der Dichter, Musiker und Wissenschaftler, die sich nicht dem sozialistischen Programm andienen wollten, wurde der Vorwurf des Formalismus gemacht.

In den Sprachwissenschaften gab es tatsächlich einen Formalismus, nämlich die Entwicklung der modernen Linguistik und

Phonetik, die in Russland von Nikolai Trubetzkoy (1890–1938) und Roman Jacobson (1896–1982), einer sprachwissenschaftlichen Avantgarde, geprägt wurde. Beide verließen Russland aber schon in den 1920er-Jahren. Jacobson wirkte eine Zeitlang in Prag, dann in Frankreich und in den USA. Trubetzkoy lehrte bis zu seinem frühen Tod in Wien. Der linguistische Formalismus legte die Grundlagen für den späteren Strukturalismus in den Kulturwissenschaften. Es ging dieser Entwicklung um die sprachlichen Formen und nicht um die Sprachgeschichte. Von Ferdinand de Saussure, der zu dieser Tradition gehört, habt ihr schon weiter oben gehört.

Alle Wissenschaften und Künste sollten dem Sozialismus und nicht der eigenen Entwicklung der Wissenschaften und Künste dienen. Dem widersetzten sich einige Vertreter der künstlerischen Avantgarde. Wer nicht dem Einheitsprogramm des Sowjetsozialismus dienen wollte, wurde als Formalist gebrandmarkt, was immer er oder sie tatsächlich taten. Prokofjew und Schostakowitsch traf dieser Vorwurf, weil ihre Opern den Sozialismus nicht mit Heldengeschichten verherrlichten und ihre Symphonien keine volkstümlichen Melodien enthielten. Erst nach Stalins Tod wurden diese Komponisten in Russland wieder öffentlich anerkannt. Prokofjew starb am selben Tag wie Stalin, am 5. März 1953.

Die künstlerische Avantgarde lebte erst nach Stalins Tod in der Musik und anderen Künsten weiter, obwohl viele ihrer Vertreter tot oder schon vergessen waren. Die russische Avantgarde war nach der Ära Stalins für viele nur noch eine historische Erscheinung. Wenn aber nur noch in der Kunstgeschichte an sie erinnert wird, ist sie nicht mehr am Leben. Eine Avantgarde darf ihrem Selbstverständnis nach an keinem Punkt stehen bleiben. Der Gefahr des Stillstands entgeht die Avantgarde nicht, wenn sie beim »Schwarzen Quadrat« stehen bleibt. Das Bild ist Geschichte. Auch die religiöse Bedeutung von Malevičs Null-Ikone ist Geschichte.

Die Null-Ikone Malevičs hatte tatsächlich eine religiöse Bedeutung, weil sie für eine negative Theologie stand, für den Glauben an die Unfassbarkeit und Unaussprechlichkeit Gottes. Mit der Null-Ikone kritisierte Malevič auch die russische Kirche und deren oberflächliche Religiosität. Er kritisierte zudem die ungerechten sozialen Zustände, für die die Kirche mitverantwortlich war, weil sie sie duldete. Ich erzähle dies, damit ihr versteht, dass das Unglück in der russischen Kultur und Gesellschaft nicht erst mit und nach der Oktoberrevolution begann. Es begann schon lange davor. Künstlern wie Malevič, die auf ihren Reisen in den Westen sahen, wie sich die Gesellschaften dort veränderten und moderner wurden, war die Rückständigkeit der russischen Gesellschaft besonders schmerzlich bewusst. Die russische Avantgarde, die Vorkämpfer für eine neue Kultur und eine neue Kunst, wurde dann für kurze Zeit moderner und radikaler als alles, was es an kulturellen Bewegungen in Westeuropa gab.

Die Radikalität des neuen Kunstverständnisses hatte einen theologischen und nicht nur künstlerischen Hintergrund und damit tiefe kulturelle Wurzeln. Religiöses Denken und Kunst sollten in einer Rückbesinnung auf das Alte erneuert werden. Die Null-Ikone ist nicht nur ein Bild, sondern auch eine Ikone. Mit ihr sollte der Glaube an das Unaussprechliche nicht abgeschafft, sondern verwandelt werden. Der Glaube an das

Unaussprechliche (die Apophatik) hat in der christlichen Gotteslehre Vorbilder und ist nicht neu. Genau genommen beginnt das Christentum mit einem Unsinn, mit der Torheit des Glaubens, die im Evangelium beschrieben wird. Der Heilige Paulus ist in der Apostelgeschichte der erste, der dem Sinn seines bisherigen, angepassten Lebens den Rücken kehrt und sich zum Unsinn des Glaubens mit allen Konsequenzen bekennt.

Diese Umkehr vom Sinn eines scheinbar vernünftigen Lebens zum Unsinn des Glaubens ist für das Christentum grundlegend. Dem christlichen Schriftsteller Tertullian (ca. 150–220) wird der Satz zugeschrieben: »Ich glaube, obwohl es unsinnig ist.« (Auf Latein: »Credo quia absurdum.«) Der Philosoph und Theologe Anselm von Canterbury (ca. 1033–1109) hat dem Gedanken in seinem Buch »Proslogion« die Bedeutung gegeben, die geblieben ist: Ich glaube, obwohl das, was ich glaube, nicht mit den Mitteln des menschlichen Verstandes erfasst werden kann. Der Inhalt des Glaubens übersteigt das, was der Verstand erfassen kann. Dieser Gedanke hat in der christlichen Orthodoxie der Ostkirche eine große Bedeutung. Der Inhalt des Glaubens ist etwas Unaussprechliches. Das ist die Tradition, in der Kazimir Maleviçs Null-Ikone und das Denken und Dichten von Daniil Charms stehen. Es geht keinem von beiden um eine Abschaffung oder Verhöhnung des Glaubens, sondern um seine tiefere Bedeutung jenseits des menschlichen Verstandes. Dieser Glaube steht im Hintergrund des Unsinns, den Daniil Charms sehr ernsthaft entwickelte. Sein Unsinn hat häufig den äußeren Anschein des Klamauks, ist aber genau das Gegenteil. Der Unsinn steht für etwas, was sich nicht wirklich in der gewöhnlichen Sprache sagen lässt. Ohne den religiösen

Hintergrund verstehen wir Charms' Unsinn nur oberflächlich, eben nur als Klamauk.

Malevič gab seiner neuen Kunsttheorie den Namen *Suprematismus*. Das lateinische Wort »super« bedeutet so viel wie »über« oder »darüber«. Was der neue Name sagen will ist, dass das, was die Kunst in den Augen Malevičs ist, über allem anderen in der Welt steht, allem überlegen ist. Es ist in gewisser Weise das Höchste. Dieses Höchste will aber den Höchsten, also Gott, nicht verleugnen oder ersetzen. Die Null-Ikone des Schwarzen Quadrats spielt im Gegenteil auf viele religiöse Gedanken an, auf die Ruhe Gottes als Ausdruck seiner Vollkommenheit, nachdem er die Schöpfung vollendet hat, auf den Verzicht Christi auf seine Göttlichkeit nach seiner Geburt, die Entleerung der göttl chen Fülle. Diese Aspekte des Suprematismus blenden wir heute meist aus und verstehen den Suprematismus deswegen nur oberflächlich als eine mehr oder weniger extravagante kunstgeschichtliche Erscheinung. Malevič starb 1935. Daniil Charms trug bei der Totenfeier ein Gedicht vor, das alle Anwesenden sehr bewegte und viele zu Tränen rührte. Malevič war sein Mentor und einer seiner engsten Freunde gewesen.

Daniil Charms starb im Februar 1942, ein halbes Jahr nach seiner dritten Verhaftung. Woran und wo er starb, ist unklar. Es war vielleicht eine Irrenanstalt in St. Petersburg, der Stadt, die damals Leningrad hieß. 1942 war Krieg, und Stalin herrschte. Eigentlich hieß Charms Daniil Iwanowitsch Juwatschow, geboren am 30. Dezember 1905 in St. Petersburg. Einer seiner Freunde, der Philosoph Jakov Druskin (1902–1980), schrieb im Vorwort zur deutschen Ausgabe der Notizbücher, Charms habe das »Wunder des schöpferischen Lebens« entdeckt. Was dies bedeutet, erklärte er: »Sieg in der Niederlage, die Vollkommenheit im Unvollkommenen, der Überfluß im Mangel«. Charms beschrieb das Wunder in einer Geschichte, der er den Titel »Roman« gab: »Ich fühle in mir eine ungeheure Kraft. Schon gestern habe ich mir alles zurechtgelegt. Eine Geschichte über einen Wundertäter, der in unserer Zeit lebt und keine Wunder tut. Er weiß, daß er ein Wundertäter ist und lauter Wunder tun könnte, aber er macht es nicht.« Diese Zeilen passen gut zu ihm selbst. Er war ein Wundertäter, der keine Wunder tat. Dabei hätte es dringend eines Wunders bedurft, um ihn zu retten. Er lebte als Künstler, als Dichter, in einer Zeit, in der fast immer Hunger herrschte, in der lange schon ein Bürgerkrieg schwelte, bis dann mit der Oktoberrevolution 1917 das Sowjetsystem kam. Zunächst waren viele Künstler für die Revolution, weil sie sich von ihr eine Befreiung erhofften. Nachdem Lenin aber 1924 gestorben war, begann die stalinistische Herrschaft und mit ihr willkürliche Verhaftungen, die Gleichschaltung der Kultur und ein neuer Krieg, der schlimmer als alle davor war. Leningrad war ab 1941 von deutschen Truppen eingekesselt. Die Menschen sollten nach dem Willen der Nationalsozialisten verhungern, und Stalin tat nicht viel, um den Menschen zu helfen.

Lesen wir nun das, was Charms schrieb. Der Titel des Bandes »Die Kunst ist ein Schrank« hat seine eigene Bedeutung. Charms trug auf einem schwarz lackierten Schrank stehend seine Gedichte vor. Dabei hatte er einen karierten Gehrock mit rotem Dreieck an und eine goldfarbene Mütze auf. Auf seine eine Wange war ein grünes Hündchen gemalt.

Totalitäre Regime mögen keine Kritik und keinen Humor. Humor untergräbt ihre politische Autorität, weil die Menschen über die Machthaber lachen können. Die Arbeit von Charms als Dichter erregte Verdacht. Im Dezember 1931 wurde er zum ersten Mal verhaftet. Er arbeitete damals für die Kinderzeitschrift »Josh« (Igel). Im Juni 1932 kam er wieder frei. Es gab keinen Grund für seine Verhaftung außer seine Arbeit für die Kinderzeitschrift.

Ihr werdet euch fragen, wie sich ein Dichter, der für eine Kinderzeitschrift arbeitet, verdächtig machen kann. Dazu muss ich etwas über die Kinderliteratur nach 1917 in Russland erzählen. Das Sowjetregime wollte, dass die Kinder zu treuen Sowjetmenschen erzogen werden, was die eigenen Eltern natürlich nicht konnten. Die Kinder sollten sozialistisch denken lernen und keine Religion haben. Es wurden revolutionäre Kinderclubs gegründet. Statt Pfadfinder gab es ab 1922 die jungen Pioniere. Die Schulbildung wurde vernachlässigt, nur 14 Prozent der Kinder erreichten 1927 die vierte Klasse. Erst 1930 (in Deutschland 1919) wurde die allgemeine Schulpflicht eingeführt. Kinder sollten dem Einfluss der Eltern möglichst entzogen werden. Sie wurden angehalten, ihre Eltern zu verraten, wenn diese die Sowjetideologie nicht unterstützten. Das Regime wollte einen neuen Menschen, den Sowjetmenschen, schaffen, und dieses Ziel sollte bei der Erziehung der Kinder mit kommunistischer Indoktrination, einer Art Abrichtung des Denkens, beginnen.

In dieser Zeit war die Arbeit für die Kinderzeitschrift »Der Igel« (1928–1935) alles andere als einfach. Charms hatte sich als Autor für Kinderbücher einen Namen gemacht. Es war die Zeit der von Stalin befohlenen und rücksichtslos durchgeführten Industrialisierung. Die herkömmliche Landwirtschaft wurde abgeschafft, die Grundbesitzer und Bauern enteignet, ihr Besitz in großen Produktionsgenossenschaften zusammengefasst. Der Hunger dauerte aber an. Unzählige Bauern verhungerten oder wurden ermordet, und dennoch unterstützte eine Mehrheit in Rußland die Politik Stalins. Die Menschen passten sich an. Sich gegen das Regime zu wehren, war lebensgefährlich. Eltern gaben ihren Kindern Namen wie »Traktor«, um ihre Unterstützung für diesen Aufbruch in ein sozialistisches Zeitalter, zu einem Sowjetmenschen, zu zeigen.

Eine leicht zu durchschauende Kritik am herrschenden Sowjetsystem schrieb Charms in seinem Gedicht »Million« (1930). Hier die erste von fünf Strophen:

Auf der Straße ein Trupp parat –
Schritten vierzig Jungs schnurgrad:
Eins, zwei,
Drei, vier,
Und viermal vier,
Und viermal vier:
Und noch mal vier.
...

Das Gedicht macht das uniforme militärische Marschieren und dessen Sinnlosigkeit und Leere hörbar.

In den Verhören nach seiner Verhaftung sagte Charms, dass er die Politik der Sowjetregierung ablehne und für die Freiheit der Presse und des literarischen Schaffen eintrete. Er sagte wörtlich, dass sein Buch »Die Million« antisowjetisch sei. Damit lieferte er der Anklage genau die Informationen, die sie brauchte, um ihn zu verurteilen. Auch öffentlich wurde Charms als Klassenfeind beschimpft und seine Dichtungen als Hokuspokus abgetan.

Das zweite Mal wurde er 1937 verhaftet, kam aber bald wieder frei. Er schrieb in sein Tagebuch: »Ich staune über die menschlichen Kräfte! Heute ist schon der 12. Januar 1938. Unsere Lage ist noch um vieles schlimmer, aber wir schleppen uns immer noch weiter. Mein Gott, schick uns bald den Tod.« Mit »uns« meinte Charms wohl nicht nur seine Frau und seinen Vater, sondern alle anderen Menschen, mit denen er lebte.

Zu Gott, den er um den baldigen Tod bat, betete Charms öfter, natürlich als Dichter (März 1931):

Gott Du bist größer als ich
höher als Schnee und Regen
feiner als Zeichen und Strich.

So ernst und fromm war es aber nicht immer zugegangen. Charms konnte im Januar 1930 noch heitere Reime schreiben:

In der Bahn sah ich ein Mädchen
Freunde ja ein junges Mäuschen
ach was für ein hübsches Kätzchen
ich war völlig aus dem Häuschen.

Jakov Druskin erzählt im Vorwort zu »Die Kunst ist ein Schrank«, Charms habe immer wieder gesagt, »im Leben gebe es zwei erhabene Dinge: Humor und Heiligkeit«. Das echte Leben sei die Heiligkeit, und mit Humor werde das unechte, erstarrte, bereits tote Leben entlarvt.

Am 31. Oktober 1937 schrieb Charms in sein Tagebuch:

»Mich interessiert nur der ›Quatsch‹; nur das, was keinerlei praktischen Sinn hat. Mich interessiert das Leben nur in seiner unsinnigen Erscheinung.

Heroismus, Pathos, Schicksal, Moral, hygienisch Reines, Sittlichkeit und Glücksspiel – sind mir verhaßte Wörter und Gefühle.

Dagegen begreife und achte ich zutiefst: Entzücken und Begeisterung, Inspiration und Verzweiflung, Leidenschaft und Beherrschung, Laster und Keuschheit, Kummer und Leid, Freude und Lachen.«

Knappe Informationen bietet die kurze Biographie über Daniil Charms von Lola Debüser am Ende des Bandes »Zwischenfälle« (Berlin 1990). Sie hat den Band, der auch viele Zeichnungen von Charms enthält, herausgegeben. Ilse Tschörtner hat ihn ins Deutsche übersetzt. Lola Debüser schreibt: »All der Unsinn, all die Nichtigkeiten, die Charms vorführt, machen durch primitive Formen innerlich Primitives sinnfällig: Sie parodieren pseudophilosophischen Tiefsinn, Didaktik, leere Rhetorik, Streitigkeiten um nichts.« Sie zitiert den Dichter Viktor Schklowski (1893–1984), der über den Unsinn von Charms schrieb, dass er »die mauseähnliche Geschäftigkeit und ewige Wiederholbarkeit des Lebens derjenigen Menschen, die nicht verstehen, daß sich selbst der Begriff ›gesunder Menschenverstand‹ verändert«, ironisiere. Auch der Tod selbst ist in einer Welt, in der das Leben keinen Sinn hat, unsinnig, wie die Episode »Fälle« vom 22. August 1936 zeigt. Wir müssen uns vorstellen, wie trostlos das Leben im 13. Jahr von Stalins Regime war. Gute Menschen hatten keine Chance.

»Eines Tages aß Orlow zuviel Erbsenpüree und starb. Und Krylow, der davon hörte, starb auch. Und Spiridonow starb von allein. Und Spiridonows Frau fiel vom Büfett und starb auch. Und Spiridonows Kinder ertranken im Teich. Und Spiridonows Großmutter geriet an die Flasche und wurde Landstreicherin. Und Michailow hörte auf, sich zu kämmen, und bekam die Räude. Und Kruglow malte eine Dame mit einer Knute in der Hand und wurde verrückt. Und Perechrjostow erhielt telegrafisch vierhundert Rubel und wurde so hochnäsig, daß er aus dem Dienst flog. – Alles gute Menschen, die nicht Fuß fassen können.« (1990, 15)

Zu den Schriftstellern, denen sich Charms nahe fühlte, gehörten Puschkin (1799–1837) und Gogol (1809–1852), aber auch Edward Lear und Lewis Carroll, die wir schon kennenlernten. Seine Verehrung für Puschkin und Gogol brachte er in einer kurzen Bühnenszene selbstverständlich auch als blanken Un sinn zum Ausdruck. Puschkin stolpert über Gogol, der beklagt sich und schimpft, stolpert aber selbst über Puschkin, der sich ebenfalls beklagt und schimpft, sie stolpern mehrmals übereinander und beschimpfen sich. Darüber konnten die Menschen trotz der düsteren Zeit, in der sie lebten, lachen.

Uns kommen solche Szenen ohne den Hintergrund, den wir uns verdeutlicht haben, klamaukartig vor. Das sind sie ihrem Wortlaut nach auch, aber darin erschöpft sich nicht ihre Bedeutung. Es geht um die Sinnleere des Lebens dieser Menschen und der Welt, in der sie lebten. Der Unsinn, den die Worte ausdrücken, ist die Leere und das Fehlen jeden Lebenssinns, der menschlichen Würde und alles Menschlichen. Es

ist der hilflose und wirkungslose Protest gegen die Leere. Mit dem Stalinismus und seinem Terror, den willkürlichen Verhaftungen und Todesurteilen gegen alle, die sich nicht anpassen wollten, war auch beinahe die gesamte russische Avantgarde ausgelöscht worden. Die Ideen Maleviçs waren noch nicht tot, solange Charms sich an ihnen orientierte. Spätestens mit ihm starben sie. Heute können wir sie wieder beleben und von ihrem Unsinn, von der Leere und dem Nichts lernen, Abstand zu gewinnen von dem, was scheinbar sinnvoll und fortschrittlich ist. Schon wieder ist von einem neuen Menschen mit Hilfe des wissenschaftlichen Fortschritts die Rede. Maleviç und Charms helfen uns, den Unsinn dieses angeblichen Fortschritts zu durchschauen und zu verstehen, dass Unsinn gegen den Fortschrittsunsinn hilft. Minus mal minus ist plus!

Am An*fang* ist bEldes, *Sin*n und UNsinn

Ihr habt viele Seiten des Unsinns kennengelernt, die fröhlichen, lustigen, komischen, albernen, aber auch die ärgerlichen und widerlichen, zuletzt auch die ernsten, düsteren und traurigen. Das Leben ist so, der Unsinn eben auch. Deswegen geht es auch in einer kleinen Philosophie wie dieser so ernst zu wie zuletzt, weil sie helfen soll, uns selbst, die anderen Menschen, die Welt und das Leben besser zu verstehen. Nicht immer und nicht überall scheint die Sonne, und das Leben ist nicht überall und nicht für alle Menschen gut. Wenn Denken auch ein Danken ist, wie der Philosoph Heidegger vermutet hat, können wir uns mit dem Nachdenken über das Leben der Menschen, für die es nicht gut ist und schlecht war, auch dafür bedanken, dass wir es besser haben und dass es uns gut geht. Wir wissen, wem wir was zu danken haben, den Eltern, den Freunden, den Lehrern, ihr wisst es selbst. Wir haben auch dafür zu danken, dass es die anderen Menschen und die Welt jenseits der eigenen gibt. Nachdenken und spielen können wir am besten mit anderen, und das fängt zu Hause an und sollte nicht schon beim Nachbarn aufhören. Denken geht am besten zusammen mit anderen. Denken und verstehen können wir aber nur, weil wir eine Sprache haben. Sie verbindet alle Menschen miteinander. Ohne die Sprache wüssten wir nichts und könnten auch nichts wissen, weil wir Wörter und Begriffe brauchen, um etwas zu wissen. Nur mit einer Sprache können wir denken und nur mit ihrer Hilfe können wir gut mit den anderen zusammenleben, selbst mit denen, deren Sprache wir nicht kennen. Unsere eigene Sprache hilft uns, die Sprachen der anderen zu verstehen.

Am Anfang haben wir mit der Sprache gespielt. Ihr konntet sehen, dass die Sprache nicht immer das tut, was wir wollen. Sie ist eigensinnig. Wir können ihr aber spielend auf die Schliche kommen. Natürlich sprechen und denken wir fast immer selbst. Selbst wenn wir gut sprechen können, beherrschen wir aber die Sprache nicht. Zwischen dem, was wir sagen wollen und dem, was wir sagen und was die anderen verstehen, bleibt immer ein kleinerer oder größerer Rest. Es ist die Lücke zwischen dem, was wir sagen und dem, was wir meinen. Wir können sie nicht schließen, auch wenn wir, der Grammatik und den Wörtern nach, richtig sprechen. Wir beherrschen die Sprache nicht vollkommen. Wir könnten sonst ja auch nicht so viel Unsinn reden. Die Sprache hindert uns nicht daran, im Gegenteil. Sie ist selbst voller Unsinn.

Es gab viele Versuche, eine ideale, fehlerfreie, richtige Sprache zu entwickeln. Mit ihr sollte es möglich sein, immer richtig und verständlich zu sprechen und auch immer die Wahrheit zu sagen. Unsinn sollte es zumindest in einer idealen Sprache nicht mehr geben. Es sollte genau die Sprache sein, in der wir auch richtig und fehlerfrei denken können. Die Idee der Logik als reine Sprache des Denkens war geboren. Die Frage war aber, in welcher der vielen Sprachen der Welt diese reine Sprache des Denkens entwickelt werden könnte. Vielleicht in einer der alten Sprachen Griechisch oder Latein? Oder vielleicht in

Deutsch? Da jede dieser Sprachen eine eigene Grammatik und einen eigenen Wortschatz hat, wurde der Gedanke bald aufgegeben. Statt der gesprochenen Sprachen sollte es dann eine Sprache der Symbole sein, eine formale Sprache, in der es nur Zeichen gibt, die nach strengen Regeln miteinander verbunden werden sollten. Von solchen Sprachen gibt es mittlerweile viele. Aber nicht einmal unter idealen Bedingungen gibt es eine einzige richtige formale Sprache des Denkens.

Wie ist es aber mit der Mathematik, werdet ihr fragen. Ist sie nicht eine formale Sprache des Denkens, in der das Richtige vom Falschen, der Sinn vom Unsinn streng unterschieden werden können? Die Mathematik ist aber nicht eine einzige formale Sprache, sondern eine Sammlung vieler solcher Sprachen. Einige helfen, die Welt der Physik zu verstehen und Theorien zu entwickeln, mit denen wir immer tiefer in die Wirklichkeit eindringen können. In den Sprachen der Mathematik zu denken ist anstrengend. Selbst Mathematiker, die ihre formale Sprache beherrschen, sind nicht vor Unsinn gefeit. Sie machen vielleicht keine mathematischen Fehler, aber andere.

Die Sehnsucht nach einer Welt ohne Unsinn können weder Logik noch Mathematik erfüllen. Ohne Mathematik könnten keine Waffen gebaut werden. Das wusste schon der berühmte antike Mathematiker Archimedes (ca. 287–212 v. Chr.), als er in Syrakus auf Sizilien, der größten Stadt der damals bekannten Welt, Waffen bauen ließ, mit denen große Steine sehr weit geschleudert werden konnten. Heute sind die Waffen nicht mehr nur Wurfgeschosse. Auch mit mathematischer Hilfe können Menschen Unsinn machen. Ohne Mathematik wäre das Leben aber auch nicht gut.

Die Frage ist, wo wir zwischen Sinn und Unsinn unterscheiden können. Es wäre denkbar, dass es zuerst nur das gibt, was sinnvoll und gut ist, und dass wir Menschen dann erst Fehler machen, weil wir die Sprache nicht richtig lernen oder falsch denken. Dann wäre unsere Sprache ganz am Anfang frei von Unsinn, und wir würden erst beim Sprechen Fehler machen, die in der Schule wieder mühsam korrigiert werden müssten. Es gäbe zuerst den fehlerfreien Sinn und danach erst den Unsinn, den wir dann beim Sprechen und Schreiben machen. Das wäre die eine Möglichkeit. Die andere Möglichkeit wäre, es gäbe erst den Unsinn, und den könnten wir später mit Hilfe der Logik wegräumen, damit nur noch der reine, klare Sinn übrigbleibt. Weder das eine noch das andere stimmt. Wie ist es aber dann? Ludwig Wittgenstein, mit dem ihr mittlerweile vertraut seid, wusste, warum weder die eine noch die andere Möglichkeit stimmt. Er hat es als junger Philosoph selbst mit der Logik versucht und in seinem ersten und einzigen Buch, das er selbst veröffentlicht hat, auch eine Logik entwickelt, im »Tractatus Logico-Philosophicus«. Da glaubte er, dass wir nicht unlogisch denken und die Welt mit einer symbolisch geordneten Sprache genau beschreiben können. Seine Logik war brillant. Er war mit ihr aber nicht zufrieden, weil sie seine Erwartungen doch nicht erfüllte. Dann erkannte er, dass es zur Beschreibung dessen, was es alles in der Welt gibt, keine ideale Sprache geben kann, sondern nur viele, lose miteinander verbundene Sprachspiele, in denen wir sprechen.

Wittgenstein hat sein ganzes Leben als Philosoph viel über den Sinn und den Unsinn in der Sprache nachgedacht und erkannt, dass es nicht erst den Unsinn und dann den Sinn und auch nicht erst den Sinn und dann den Unsinn geben kann. Es kann in der Sprache keine Reihenfolge zwischen Sinn und Unsinn geben. Am Anfang ist Unsinn und Sinn. Wittgensteins Einsicht war: Wir müssen mit der Unterscheidung zwischen Sinn und Unsinn anfangen. Davor gibt es weder das eine noch das andere. Es gibt vor der Unterscheidung zwischen Sinn und Unsinn nicht den richtigen Sinn, der – wenn wir ihn kennen – bestimmt, was Unsinn ist. Beides ist in der Sprache da. Deswegen müssen wir mir beidem gleichzeitig anfangen und vom »nicht offenkundigen Unsinn zum offenkundigen übergehen«. Die Ergebnisse der Philosophie, schreibt er, seien die »Entdeckung irgend eines schlichten Unsinns, und Beulen, die sich der Verstand beim Anrennen an die Grenzen der Sprache geholt hat«. Das klingt ziemlich dramatisch. Gott sei Dank – oder leider – spüren wir die Beulen nicht, die sich der Verstand beim Anrennen gegen die Grenzen der Sprache holt, so gefühllos wie der Verstand eben ist.

Wir sind bei allem, was wir tun und sagen, verpflichtet, Widersprüche zu erkennen und zu vermeiden. Dazu verpflichtet uns die Philosophie, seit es sie gibt. Widersprüche sind dann, wenn sie erkannt sind, offenkundiger Unsinn. Wittgenstein meinte, dass der Sinn von Widersprüchen Unsinn sei. Er mahnte aber auch: »Scheue dich ja nicht davor, Unsinn zu reden!« Vor Unsinn schützen uns auch die Wissenschaften nicht, wie ihr von Wilhelm Busch und Jonathan Swift bis hin zu Kazimir Malevič gehört habt. Wittgenstein meinte, es sei eine »Überschätzung der Wissenschaften«, wenn wir glauben, dass »alles, was sich ohne Unsinn sagen läßt«, Wissenschaft sei. Ohne die Wissenschaften wüssten wir aber wenig von der Welt und würden schlecht leben und früh sterben. Nur mit den Wissenschaften würden wir aber auch nicht gut leben, selbst wenn wir später sterben würden. Wenn Wittgenstein Recht hat, ist unsere philosophische Aufgabe, zwischen Unsinn und Sinn unterscheiden zu lernen. Das klingt nach mühseliger Arbeit. Wo bleibt da die Freude, die uns der Unsinn macht, werdet ihr fragen. Diese Freude müssen wir unbedingt verteidigen!

Ohne den fröhlichen, lustigen, komischen, albernen Unsinn hätten wir viel weniger Freude am Leben. Das Leben ist anstrengend genug. Deswegen sollten wir die Unterscheidung zwischen Sinn und Unsinn nicht übertreiben. Es ist doch kein Unsinn, sondern der wahre Sinn, wenn wir uns über Unsinn freuen! Viel Freude beim Unsinn!

*Dank*sagung

Für guten und freundschaftlichen Rat danke ich Nick Fogg, Michael Jaeger, Michael Keul, Aage Hansen-Löve und Josef Rothhaupt.

139

Zum WEITERlesen und Ver*tiefe*n:

Wilhelm Busch: Ausgewählte Werke. Stuttgart 2005

Wilhelm Busch: Erzählungen. Berlin 2013

Lewis Carroll: Alice hinter den Spiegeln. München 2015

Daniil Charms: Fälle. Und weitere Prosa, Szenen, Dialoge. Übersetzt von Peter Urban. Berlin 2021

Michaela Diers: Wilhelm Busch. Leben und Werk. München 2008

Robert Gernhardt: Die K-Gedichte. Frankfurt am Main. 3. Auflage 2004

Robert Gernhardt: Später Spagat. Frankfurt am Main 2008

Johann Wolfgang von Goethe: Faust. Göttingen 2019

Immanuel Kant: Kritik der reinen Vernunft. Berlin 1968

Edward Lear: The Complete Verse and other Nonsense. London 2002

Kazimir Malevic: Gott ist nicht gestürzt! Schriften zu Kunst, Kirche, Fabrik. Herausgegeben und kommentiert von Aage A. Hansen-Löve. München/Wien 2004

Christian Morgenstern: Gesammelte Werke in einem Band. München 2017

Antoine de Saint-Exupéry: Der kleine Prinz. Düsseldorf 2014

Ferdinand de Saussure: Grundfragen der allgemeinen Sprachwissenschaft. Berlin/New York. 3. Auflage 2001

Friedrich Schiller: Über die ästhetische Erziehung des Menschen. Ditzingen 2000

Arthur Schopenhauer: Die Welt als Wille und Vorstellung. München 1998

Adalbert Stifter: Witiko. München 1997

Jonathan Swift: Gullivers Reisen. Stuttgart 1987

Karl Valentin: Sämtliche Werke. München 2007

Berndt Wessling: Wilhelm Busch. Philosoph mit spitzer Feder. München 1993

Ludwig Wittgenstein: Philosophische Untersuchungen. Frankfurt am Main 1989

Copyright © Claudius Verlag, München 2021
www.claudius.de

Alle Rechte vorbehalten. Das Werk darf – auch teilweise –
nur mit Genehmigung des Verlages wiedergegeben werden.
Lektorat: Franziska Roosen
Umschlaggestaltung: Weiss Werkstatt, München
Titel-Illustration nach einem Motiv von shutterstock/Irmun
Layout, Illustrationen und Satz: Weiss Werkstatt, München
Gesetzt aus der Source Sans Pro und Crimson Pro
Druck: CPI – Clausen & Bosse, Leck
ISBN 978-3-532-62865-2